Dos estrellas y una familia

Dos estrellas y una Familia

Enrique Pablo Varas

PRÓLOGO:

Lali, Sandra, Sofía. Nuestra historia, se puede escribir o se puede contar, pero seguro que nadie puede llegar a sentir todo lo que estamos y seguro vamos a seguir viviendo juntos.

Nada más regresar de Hungría me puse como propósito escribir ésta nuestra historia. Partiendo de sus cimientos y recordando cómo se forjó y qué hermoso fue y es.

Siempre me he dicho que esto era un regalo que quería haceros, aunque ahora me doy cuenta de que es un regalo más que vosotras me estáis haciendo a mí. Escribiendo y recordando todo lo que aquí os cuento, me he vuelto a emocionar muchas veces y, cada vez que retrocedo para comenzar con un nuevo capítulo, no dejo de dar gracias a la vida por permitirme compartir con vosotras cada una de las cosas que aquí relato. Incluso antes de que estuviéramos los cuatro juntos ya me estabais haciendo feliz. Esta es una historia de cuatro y muchos más, pero os pertenece.

Soy el hombre más afortunado del mundo y todo esto gracias a vosotras, por eso quiero regalaros esta historia.

DEDICATORIA 1:

A Lali, a Sandra y a Sofía porque os quiero y porque las tres me habéis regalado esta historia.

DEDICATORIA 2:

A nuestras familias y amigos que han compartido con nosotros los buenos y malos momentos, a los que sé han sufrido nuestra espera y a los que se han emocionado y alegrado de nuestro final feliz.

DEDICATORIA 3:

Aunque es muy posible que muchos de vosotros nunca sepáis de la existencia de este relato, también quiero dedicároslo.
A la familia Gindeli: Kati, Jozsef y Beata, a Katia, a Aniko, a Sofí, a Catalin y a Viola, porque todos vosotros también formáis parte de esta historia y nos habéis ayudado a construirla.

Llegó la hora

Tras largos años de espera y unos últimos meses de ansiedad y tensión en los que ya conocíamos nuestro destino, pero que parecía que nunca llegaría, llegó la hora de ponernos en camino.

Aquella mañana del 16 de Febrero de 2007, y tras apenas haber pegado ojo en toda la noche, sonó el despertador. ¡Por fin nos marchábamos a Hungría a recoger a nuestras hijas!
En las pocas horas que quedaban para salir hacia el aeropuerto, me dio tiempo a repasar todo el proceso que nos había llevado hasta ese día y, apenas recordaba malos momentos. Sí recordaba todos aquellos argumentos con los que me había consolado y había intentado consolar a Lali en los momentos de frustración, desilusión, falta de noticias....

Era una mañana soleada, no hacía mucho frío, y en la terraza de casa repasaba y recordaba.

Recordaba el momento en que decidimos que nuestro camino para ser papás pasaba por la adopción. Una vez completados los primeros trámites, fuimos convocados a la primera reunión en la Comunidad de Madrid, ¡qué de gente!, tenía la impresión de que todas aquellas personas eran competencia y, al ser tantos, pensaba que sería más difícil. Todos juntos pasamos a una sala donde tendría lugar la reunión informativa.

En ésta reunión sacaron a relucir muchos de los aspectos que ni te has llegado a plantear cuando hablas de la adopción, daban la impresión de estar disuadiendo al personal que allí se encontraba, dificultades, niños con problemas, largos tiempo de espera..., aunque ahora sé que lo que estaban haciendo era abrirnos los ojos y romper mitos que no se corresponden con la realidad.

Tas aquella reunión en Mayo de 2004 y, tras confirmar que estábamos interesados en continuar con el proceso y solicitar fecha para el curso que hay que realizar, tuvimos que esperar una nueva llamada que se produjo en octubre. En esta ocasión era para comunicarnos que había una baja para el curso de fechas inmediatas y que, si queríamos, podíamos ocupar la plaza. Eran todos los viernes por la tarde del mes de noviembre, y por supuesto, aceptamos.

Recuerdo aquellas reuniones como una experiencia muy positiva, aunque en un principio las acogimos con un poco de rebeldía. No entendíamos que para ser padres nos hicieran pasar por cursillos, charlas, psicólogos..., cuando los padres biológicos no tienen que seguir ningún tipo de norma para ser papás. Tras el curso, entendí perfectamente su sentido e incluso me parecería lógico que los padres biológicos también tuvieran que pasar por esa experiencia. Fue muy enriquecedora y nos aportó una gran cantidad de información sobre el significado de la paternidad y de la adopción.

Tras estas reuniones el objetivo era el Certificado de Idoneidad. Para ser poseedores del mismo teníamos que pasar por unas reuniones en las que nos evaluaría un trabajador social y un psicólogo. En la Comunidad de Madrid te dan la oportunidad de acceder gratuitamente a estos servicios, pero las colas de espera son enormes y las medias de tiempo que nos daban eran de muchos meses. Otra posibilidad era utilizar los servicios de trabajadores sociales y psicólogos privados autorizados por la Comunidad de Madrid y ésta es la opción que elegimos, así que del listado buscamos los más cercanos a casa y nos pusimos en contacto con ellos.

La primera reunión fue con la trabajadora social. Fue una reunión tranquila, nos hizo muchas preguntas sobre nuestros deseos, nuestra situación familiar, nuestros medios…, todo esto en su despacho. La siguiente reunión con ella sería en nuestro domicilio, donde comprobaría el entorno y el hogar que les ofreceríamos a nuestros hijos…, en fin, que nos analizaba económica y socialmente.

Con respecto al psicólogo habíamos elegido un gabinete que está en Villalba, y que sería bastante cómodo para desplazarnos desde casa. Aquí, desde un primer momento, atisbamos que el tema no sería tan cómodo como con la trabajadora social. Enseguida nos dimos cuenta de que serían reuniones tensas, las preguntas (casi interrogatorios) iban casi siempre dirigidas a buscar aquello que no era tan bueno ni tan bonito, intentando averiguar si había una parte oscura y oculta dentro de nuestra vidas. Fueron tres reuniones en las que se alternaron los momentos de calma con los momentos de tensión.

En la primera sesión y tras casi dos horas, nos hicieron la pregunta del millón *"¿para qué país estáis solicitando el certificado?"*. Nuestra respuesta fue que aún no lo sabíamos, entonces nos dijeron que teníamos que decidirnos ya por uno, pues el estudio e informe psicosocial tiene que reflejar el nombre del país y, además, se supone que este estudio lo hacen teniendo en cuenta las características del país al que nos dirigiremos.

Ese mismo día, cogimos el listado de posibles países y comenzamos a determinar en cuál de ellos tendríamos más cerca lo que estábamos buscando. Nos repartimos el listado y comenzamos a llamar a las distintas ECAIS (entidades colaboradoras). En todas pediríamos las mismas informaciones sobre el proceso; el tiempo que tendríamos que esperar, el tiempo de estancia en el país, cómo han sido las últimas adopciones en el país,... Solo había una pregunta que descartaría en un principio el país en cuestión, nosotros teníamos claro que queríamos que fuese más de un niño, queríamos adoptar a un grupo de hermanos.

Llamé para preguntar por Rusia, por China, y por Hungría. Recuerdo fielmente la primera llamada a Mimo (ECAI que gestiona las adopciones en Hungría). (Diciembre del 2004). También recuerdo como si fuera hoy mismo la voz de Katia (directora de la ECAI), en esa misma llamada le conté nuestro proyecto, le comenté que estábamos eligiendo país y que aún no teníamos claro cuál podría ser el adecuado. Ella intentó disuadirme de forma indirecta, parecía que no quería que Hungría fuese una de nuestras elecciones, o eso es lo que yo entendía, hasta que me realizó la pregunta, *"¿y por qué Hungría?"*, a lo que contesté *"porque queremos adoptar más de un niño en este proceso y creo que en Hungría esto es posible"*, a lo que respondió *"Ahhhh, entonces cambia el tema y Hungría pude ser el país que buscáis"*. Ahí comenzó a hablarme de los húngaros, de sus costumbres, de Hungría... Me sorprendió la pasión con la que hablaba del país, me contó todos los pormenores, respondió todas las preguntas y me expuso cómo podría desarrollarse el proceso si elegíamos Hungría. De todas las ECAIS con la que hablé, fue la única con la que conecté, con la que me sentí cómodo hablando, la única que trató el proceso como un proyecto de ilusión en el que ellos también participaban. En el resto de llamadas a las ECAIS se habían limitado a darme información, y la justa.

Ya en casa había que tomar la decisión y, entre tres países y tras valorar todos los factores, tomamos la decisión de comunicarle a la psicóloga que nuestra elección era Hungría. La psicóloga se extrañó de la elección, nos comentó que no tenía experiencia con ese país y que preguntaría en la Comunidad de Madrid sobre sus experiencias en los últimos casos de adopción allí, pero yo ya había hablado una segunda vez con Katia y tenía claro que la elección era la correcta y que todo saldría bien.

Las reuniones con los psicólogos se sucedieron y, a mediados del mes de enero, obtuvimos nuestro certificado de Idoneidad para adoptar en Hungría.

El siguiente paso era llevar el expediente a la Comunidad de Madrid y concertar la primera entrevista con MIMO. Nada más entregar los papeles llamé a Katia para comunicarle que salía en esos momentos de entregar el expediente para que Mimo fuera nuestra ECAI. En esa misma conversación, Katia ya nos dio lo que para mí ha sido una llama de ilusión y lo que para Lali supusieron unas falsas esperanzas. Katia me preguntó por teléfono: *"¿entonces qué es lo que esperáis?"*, a lo que contesté: *"pues un par de niños/as, de no más de cinco añitos....."*, y va y me responde: *"¿dos?, ¿y por qué no tres?"*, me quedé seco, y pregunté, *"¿Qué pasa, es que tienes tres para ofrecernos?"*, *"no, no, bueno ya hablaremos mañana, a las 10 nos vemos en Mimo"*.

Cuando le cuento todo esto a Lali, me mira con los ojos abiertos, y me pregunta *"¿en serio?"*. Os podéis imaginar lo que por nuestras cabezas se pasaba durante las siguientes horas, *"si son tres y son pequeños"*, *"esto parece que va a ir muy rápido"*, en fin, que la piel de gallina todo el día y toda la noche.

Por fin llegó el momento de la reunión, llamamos a la puerta y nos abre una señora muy sonriente, que por la voz reconozco al momento, es Katia, nos pasa a su despacho, y nos hace una pequeña entrevista, en la que exponemos nuestros deseos, todo lo que hemos pasado, el motivo de nuestra elección..., ella nos hace una amplia introducción en el proceso basado en su experiencia, nos enseña fotos de niños y niñas que han sido adoptados en Hungría por familias españolas, nos enseña fotos y lugares con encanto de Hungría..., pero de lo que nosotros esperábamos hablar, nada de nada. *"¿Dónde están esos tres enanos que tienes para nosotros?"*, nos dice: *"no, veréis, las cosas no funcionan así"* y nos explica el proceso que sigue Hungría para las adopciones de sus niños. Por un lado, nos cuenta que su experiencia es que el proceso puede durar un par de años y, por otro lado, nos dice que nunca se sabe, que hay familias que incluso han estado solo unos meses. Nos entrega el primer cuadernillo informativo de Mimo y nos dice que nos mantendrá informados con las noticias que vayan llegando, que no nos preocupemos que seguro que hay suerte y pronto llegará nuestra propuesta.

Pasaron los primeros meses sin noticias, en el mes de abril (2005) recibimos una llamada de Katia para convocarnos a un curso de húngaro, estos cursos los suele organizar cuando hay familias cercanas al viaje y aprovecha para invitar al resto. Asistimos al curso, tuvimos el primer contacto con el idioma y conocimos a otras familias que también esperaban su llamada, entre éstas había una que solo llevaba dos meses esperando y ya habían sido elegidos por Hungría para adoptar a cuatro niños. Parecía que todo rodaba y que, en breve, seríamos llamados nosotros. De hecho, la misma Katia nos sugirió junto a otra familia que para ese verano no hiciéramos muchos planes. Todo indicaba que aquello iba a ser rápido, un matrimonio que se marchaba ya, que no hagamos planes de verano... *"¿hará mucho calor en Hungría?"*, la ilusión a tope y los nervios más.

Al cabo de unas semanas se nos convocó a otra reunión, aprovechando que un matrimonio estaba a punto de marcharse y que Katia tiene la costumbre de organizar una última reunión antes del viaje, creyó conveniente que asistiéramos el resto de parejas que estábamos en proceso, un indicador más para pensar que en breve nos tocaría nosotros.

Pero, pasó el verano y sin noticias de Hungría. Llegó el invierno y sin noticias de Hungría.

Llamaba todos los meses a Mimo y preguntaba por los avances. Al principio me costaba un poco hablar con Katia pero insistía hasta que lo conseguía. Las noticias eran siempre las mismas, *"paciencia, en cualquier momento llegará la propuesta, no os desesperéis..."*

Esas navidades (2005) fueron duras, habíamos llegado a pensar que para esas fechas estaríamos todos juntos y nada. Recuerdo el día de Nochevieja y sé cuánta gente pidió lo mismo al año nuevo, seguro que el 2006 sería nuestro año.

Hacía un año ya que habíamos entregado nuestro expediente a Mimo y la verdad es que todo estaba dentro de lo lógico y razonable. En aquel cuadernillo que Katia nos entregó en la primera reunión lo ponía bien claro: *la espera tiene un periodo medio de dos años*, pero al haber tenido una situación durante los primeros meses tan esperanzadora, nos habíamos colgado en la nube y no queríamos bajar.

Durante todo este tiempo, le dediqué a Hungría muchos ratos libres, leía y buscaba todo lo que tuviera algo que ver con ese país, con su cultura, con sus gentes, con su historia. Muchos días ojeaba un par de cámaras Web que hay en la red y que te permiten ver en tiempo real el Danubio, ojeaba casas de alquiler alrededor del Lago Balaton, en fin, Hungría, Hungría y Hungría, y es que una cosa tenía clara: desde la primera reunión que mantuvimos con Katia, yo ya era además de español un poco Húngaro.

Pasaban los meses y yo todas las primeras semanas de mes seguía llamando a Mimo y hablando con Katia y ella siempre me decía lo mismo: *"no pueden tardar mucho"*, *"vamos a esperar"*, *"no os preocupéis que llegará..."*. Todo esto se lo trasladaba a Lali, la intentaba animar y siempre terminaba con la misma *frase "cariño, hay que esperar, seguro que será para encontrarnos con lo mejor"*.

Llegó de nuevo el verano y no sé si relajados, sometidos o con los pies ya en el suelo, fue un verano mucho más tranquilo que el anterior. Yo pensaba y le hacía la reflexión a Lali: si el tiempo medio de espera eran dos años, pues ya llevábamos uno y medio y, si en el peor de los casos alguien esperó tres años, pues ya solo nos queda la mitad, en fin, argumentos para convertir la ansiedad en ilusión y esperanza, y la verdad es que a mí me funcionaba, pero a Lali no mucho.

(Durante todo este tiempo me ha acompañado un libro que me recomendó mi hermana Nieves; *La aventura de convertirse en una familia* de Beatriz San Román, y que, desde que empecé a leerlo, me ha hecho sentir mucho más cerca de todo lo que esperaba conseguir. Es un libro que habla del proceso y sobre todo de las situaciones que se darán una vez estén los niños en casa. Este libro y su autora han conseguido mantenerme con la llama a todo gas, me recordaba mucho a una de las charlas que nos dio Katia, una a la que ella llama *"Malas Noticias"* (aclarar que realmente no eran tales).

A finales del verano (2006), me decidí a llamar a Mimo como todos los meses. Recuerdo que estaba de viaje, iba camino de Valencia y a las 9:00 hice el primer intento para hablar con Katia, comunica, a los diez minutos el segundo intento, comunica, así sucesivamente hasta que me di cuenta de que durante las últimas tres o cuatro horas el teléfono de Mimo comunicaba constantemente, así que decidí dejarlo para el día siguiente. Ese día, y sabiendo que Katia madruga mucho, empecé una hora antes, pero el resultado fue el mismo. Un segundo y un tercer día y sin poder hablar con nadie de Mimo. La verdad es que se me pasaron por la cabeza muchas cosas, creo de hecho que fueron los perores momentos del proceso, solo pensaba: "y si esta gente ha cerrado, ahora qué", solo de recordarlo me tiemblan las piernas. Seguí insistiendo a diario hasta que al fin conseguí hablar con Mimo, y me informaron de la situación personal que estaba atravesando Katia y por la que estaba sucediendo esto. Le pedí a Sao (compañera de Katia) la dirección de correo electrónico de Katia y a través del correo electrónico conseguí comunicarme con ella, en definitiva, todo seguía igual que los meses anteriores, pero por lo menos tenía la certeza de que todo seguía en su sitio y no se puede imaginar nadie el alivio que sentí.

Una vez más, pasó el verano, y el otoño, y sin noticias de Hungría. Solo quedaba pensar que los dos años de espera estaban a punto de cumplirse, y que seguro todo se resolvería en breve.

Noviembre del 2006

POR FIN noticias de Mimo, el lunes cuando llego a la oficina después de no haber leído el correo durante todo el fin de semana, me encuentro con la noticia más esperada de los últimos años; (original del correo que nos manda Katia):

> De: KATIA VIGIL [mailto:xxxxxxxxxxxxx@terra.es]
> Enviado el: viernes, 17 de noviembre de 2006 12:54
> Para: 'Enrique Pablo'
> Asunto: hola, soy yo
>
> Hola, querida familia:
>
> Me gustaría saber vuestros planes a corto plazo. Pregunta franca ¿Estáis `pensando ir de vacaciones en fecha próxima? Porque tal vez –aún no puedo decir nada oficial- tendríais que cancelarlas ?
>
> Un abrazo,

Os podéis imaginar cómo me puse, llamé a Lali, le leí el correo y aunque tengo la certeza de que se deshacía por dentro me dijo, que bueno, que no era nada concreto y que ya habíamos pasado por esto al principio del proceso. Pero los dos sabíamos que esta era la hora de la verdad.

Y respondimos a Katia:

De: epablo@xxxxxxx.net
Recibido: 20/11/2006 18:28
Para: "KATIA VIGIL"
CC: "Lali Polonio"
Asunto: RE: hola, soy yo

-->Hola Katia:

Como ya te comenté esta mañana no tenemos planes, por lo que no te importe darnos buenas noticias lo antes posible.

Nuestra disponibilidad de fechas es total.

Seguro que las navidades en Hungría son muy bonitas, y qué mejor forma de celebrarlas que ……………

Un fuerte abrazo.

Como es lógico nos enfrió un poquito, pero como se ve en los correos todo pintaba muy, pero que muy bien:

> De: Katia xxxxxxxxxxxxxx@terra.es
> [mailto:xxxxxxxxxxxxxx@terra.es]
> Enviado el: lunes, 20 de noviembre de 2006 20:43
> Para: epablo@afianza.net
> Asunto: RE: hola, soy yo
>
> Hola, queridos:
>
> Vamos a esperar que todo esté bien. No tenemos aún los informes. Sí sabemos quién será la consejera por la parte de la dirección provincial. Y nuestra Anikó será la consejera por el lado de Mimo, porque vive en la zona. Es la provincia Szabolcs-Szatmar-Bereg, capital Nyíregyháza. Por favor, no penséis aún mucho en esto; creemos que todo va a ir bien, pero no sabemos. Si los informes son buenos, os gustará mucho -lo demás cuadra estupendo-. Pero vamos a dar algo de tiempo. Si no va bien, no dudéis que estáis en la recta final y que tendréis buenas noticias igualmente pronto. Si va bien... no sé el viaje, tenemos que planear con cuidado, ver qué os viene bien y qué le viene bien a la provincia. Habrá una pareja de País Vasco ahí, con 3 hijos, a primeros de enero. Y otra pareja de Madrid con un niño también. Y acaban de llegar los papás de Viola, también a esa provincia.
>
> Ánimo, estamos llegando,
>
> Un abrazo, Ktia.

Yo ya sabía que cada día iba a ser un suplicio hasta tener noticias, pero qué bonito, sin aún tener nada definido, era lo que nos estaba pasando en ese momento. Los nervios no nos permitían esperar noticias y las reclamábamos:

-----Mensaje original-----
De: Enrique Pablo [mailto:epablo@xxxxxxx.net]
Enviado el: lunes, 27 de noviembre de 2006 11:29
Para: Katiaxxxxxxxxxxx@terra.es
CC: 'Lali Polonio'
Asunto: RE: hola, soy yo

Hola Katia:

Algún avance o nueva noticia al respecto?

Y Katia contestaba:

De: KATIA VIGIL [mailto:xxxxxxxxxxx@terra.es]
Enviado el: lunes, 27 de noviembre de 2006 11:43
Para: 'Enrique Pablo'
Asunto: RE: hola, soy yo

No, no todavía. Pero ya está próximo todo. Aunque seguramente el viaje no será ahora mismo, sino en un poco de tiempo. Pero se pueden preparar cosas, que también hace ilusión.

In abrazo, k

Y nosotros vuelta a la carga, todo se nos disparaba y necesitábamos información:

-----Mensaje original-----
De: Enrique Pablo [mailto:epablo@xxxxxxxx.net]
Enviado el: jueves, 30 de noviembre de 2006 12:49
Para: 'KATIA VIGIL'
CC: 'Lali Polonio'
Asunto: RE: hola, soy yo

Gracias por la información Katia.

La verdad es que nos hace falta hacer algo que nos mantenga la ilusión encendida a todo gas.

No te preocupes por nuestro estado de ansiedad, está a tope desde hace ya mucho tiempo, por lo que no nos va a afectar ahora.

Aparte de preparar cosas que me parece estupenda la idea, no sé si sería posible lo siguiente.

Siempre con tu aprobación y, si a ellos no les parece mal, me gustaría tener algún contacto con las familias que han venido recientemente.

Saber cómo les va con su nuevo hijo, saber qué impresión han tenido de Hungría, de lo difícil o fácil que ha sido su estancia en el país, la valoración del viaje.

No sé, en fin un poco más de dosis para mantener viva la ilusión, repito, siempre que tú lo apruebes y a ellos no les incomode.

Katia; tenemos la tentación de llamarte muchos días, pero no queremos ser pesados ni molestar más de lo necesario, por eso te escribimos con un poco de continuidad, haciéndolo nos sentimos más cerca de todo este tema.

En fin, no te entretenemos más que sé que estarás muy ocupada.

Un Abrazo de Enrique y Lali

Katia con algo más de información nos contesta:

Hola, queridos:

Pues yo creo que casi estamos a punto de llamaros porque ya llegó algo a nuestra oficina de Hungría. Ahora hace falta un poco de calma, repasar informes, traducir, ver si todo está bien, si se ajusta a lo deseado… y YA ☺

Espero daros una estupenda noticia, ojalá así sea.

Han llegado los Torres y anteayer hemos visto al enanito, que es muy rico, un rubiales precioso y muy dulce, bastante bebote a pesar de sus 6 añazos. Tengo que llamarlos para el calendario de vacunas, ya les pregunto si están listos para hablar una ratito, supongo que sí.

Un abrazo, K,

Esto ya apuntaba a resolución cercana y visto lo visto casi seguro que favorable, ahora ya solo quedaba esperar la llamada.

En una de las llamadas a Katia, nos informa de que el expediente ya está en la Comunidad de Madrid, y que está esperando a que ellos den el visto bueno para llamarnos, los nervios nos tienen locos.

De nuevo me lanzo a por el correo y sigo insistiendo:

-----Mensaje original-----
De: Enrique Pablo [mailto:epablo@xxxxxxx.net]
Enviado el: lunes, 04 de diciembre de 2006 13:12
Para: 'KATIA VIGIL'
Asunto: Somos nosotros (Enrique y Lali)

Hola Katia:

Como van esas gestiones con la Comunidad de Madrid. Crees que hoy o mañana nos podrás decir algo?

Estamos tranquilos dentro de lo posible, pero también ansiosos por recibir esa llamada que nos permita gritar, "lo hemos conseguido".

Perdona Katia, ya sabes, necesito comunicar, y escribirte me relaja. Cualquier noticia hoy, al móvil, que estaré fuera de la oficina.

Un abrazo.

Y Katia nos responde lo que puede, sé que ella también está deseando darnos la noticia y confío en que no dejará pasar ni un minuto en cuanto pueda llamarnos:

De: KATIA VIGIL [mailto:xxxxxxxxxxxxx@terra.es]

Los estoy llamando a ver si ya (y no cogen el teléfono, pero insisto)

La propuesta es muy buena, os gustará (salvo que hayáis cambiado ¿Qué era lo que esperabais?)

Un abrazo,

K

Las buenas noticias madrugan

El día 5 de diciembre de 2006 a las 7:00 de la mañana entre sueños me pareció oír sonar el teléfono de casa, pero como llevábamos unos días durmiendo bastante mal y nerviosos, medio que lo oímos medio que no, y a las 7:30 cuando sonó el despertador, se lo comenté a Lali: *"creo que ha sonado el teléfono muy temprano, lo mismo era Katia"* y Laly escéptica: *"Cómo va a llamar Katia a las 7:00 de la mañana"*. En fin, al coche y como todos los días camino de la Oficina.

A la altura de Torrelodones, justo junto al Gran Casino de Madrid, suena el móvil, el número que aparecía era el número de Mimo... y esperar que me estoy emocionando...

Ya, es que no os podéis imaginar lo que sigo sintiendo cada vez que recuerdo ese momento. *"Hola Enrique, soy Katia"*, yo con voz calmada y aparentando serenidad: *" sí, Katia dime"*, Y Katia en el papel del que sabe va a dar la mejor noticia del mundo y, haciéndose la interesante, me dice: *" pues ya está, dime qué es lo que esperas para decirte si coincide, ¿niños, niñas, de qué edad????"*, y yo ya desecho y casi metido pleno llanto: *"lo que sea, qué más da, un niño y una niña, dos niñas, y que sean pequeñitas, de unos cinco y cuatro años"*, y Katia me dice: *"pues queridos, son dos niñas, y no tiene cinco y cuatro años, tienen tres y dos añitos"*. *"¿Podéis pasar a lo largo de la mañana para que os presente la propuesta con fotos e informes?"*. En medio de lloros y manotazos al salpicadero de alegría, le contesté: *"en una hora estamos allí"*.

Casi no acertaba a marcar el teléfono de Lali y, cuando descolgó, intenté mantener la calma y le dije: *"ya está cariño, me ha llamado Katia, son dos niñas de dos y tres años, quiere que bajemos esta mañana, pásate por la oficina, date prisa"*, a todo esto los dos llorando ya como magdalenas.

Creo que tardó 1 hora en llegar, pero a mí me pareció toda la mañana, me llamó desde la calle y me dijo que saliera que ella no podía entrar que no quería que la vieran cómo estaba. Cómo lloraba mi chica y yo que al verla me contagié, pues a llorar los dos juntos camino de Mimo.

Cuando llegamos a Mimo, Katia nos pasó al mismo despacho donde habíamos tenido la primera entrevista. Todo como en el primer día, me parecía perfecto, encantador.

Katia nos explica que tiene que leernos un informe de las niñas, médico y de aspectos generales, y que después nos enseñaron las fotos, los informes perfectos, aunque si no lo hubieran sido garantizo que para nosotros habría sido igual, pero todo era perfecto. Cuando terminó, nos pregunta qué nos parece, a lo que le contestamos que queríamos ver ya las fotos de nuestras niñas. Cuando sacó las fotos, los llantos ya no eran lágrimas de alegría, eran llantos de emoción, no sé ni cómo describir lo que me pasó por el cuerpo. *"Son preciosas"*. *"¿Cuándo nos podemos ir a por ellas?"*, *"bueno, bueno"*, dijo Katia: *"ahora hay que aceptar la propuesta y mandársela a Hungría, ellos nos dirán cuando podemos viajar"*.

Cuando salimos de allí no sabíamos ni qué decirnos, sé que nos mirábamos y las caras lo decían todo, éramos las personas más felices del mundo. Nos pasamos el resto del día informando a todos los que durante tanto tiempo nos habían apoyado y habían soportado nuestros mejores y peores momentos.

Ahora se avecinaban de nuevo tiempos de incertidumbre, ¿cuándo podremos viajar a Hungría?, los dos teníamos muy claro que cuanto antes mejor, pero lo que yo sí tenía claro es que necesitábamos una fecha, necesitábamos tener una referencia sobre la que trabajar, pues de lo contrario sería muy difícil centrarnos en el resto de actividades que eran necesarias mantener en orden hasta entonces.

El 12 de diciembre Katia nos comunicó que Hungría proponía el 18 de Febrero como fecha de viaje para comenzar con las vistas el día 19, le pregunté que si era una propuesta con réplica o si por el contrario era un propuesta de obligado cumplimiento, a lo me contestó que más bien lo segundo.

¡El 18 de Febrero!, faltaban más de dos meses, pero bueno, era lo que había, ya que nos daban tanto tiempo, nos dedicaríamos a dejarlo todo bien preparado. Sembramos la casa de fotos de Sandra y Sofía y todos los días les decíamos: *"ya queda menos para que estemos juntos"*.

No recuerdo muy bien qué hice aparte de trabajar mucho durante esos dos meses y cada día que pasaba era el último *tal* del mes *tal* que pasábamos solos, el día de Nochebuena, fue la última Nochebuena que pasamos sin ellas, el día 31 de diciembre fue la última Nochevieja que pasamos sin ellas... Así pasó el tiempo hasta que llegó el día del viaje.

(1ª Foto que nos entregaron de Sandra y Sofia)

16 de Febrero del 2007

Tras este repaso, me vuelvo a situar en la terraza de casa, esperando que nuestra querida vecina Paulin, venga de dejar a sus nenes en el cole y nos acerque al aeropuerto de Barajas.

Ya están cargadas maletas en el coche, al cargarlas renacen los temores que surgieron la noche de antes mientras las hacíamos: *"me temo que vamos excedidos de peso"*, *pero bueno, en el aeropuerto veremos qué pasa.*

Una vez en el aeropuerto (gracias Paulin), nos dirigimos al mostrador de Malev Hungarian Air Lines y, lo que sospechábamos, no es que fuéramos con sobrepeso, es que excedíamos el peso en 40 Kilos, es decir, el doble de lo que se puede llevar era lo que llevábamos, 80 Kilos de ropa. *"¿Y ahora qué hacemos?"*. Tras varias vueltas pensando, decidimos llamar al tío José que se encontraba en el registro inscribiendo a nuestro sobrino Daniel que había nacido un par de días antes. Sin dudarlo, acudió a nuestra llamada y se acercó en minutos al aeropuerto, allí le soltamos en bolsas de plástico los 40 Kilos de ropa que nos sobraban y nos dirigimos a la puerta de embarque, menos mal que habíamos decidido llegar con casi dos horas de antelación al aeropuerto y esto nos permitió gestionar el problema con relativa calma.

Ya en la puerta de embarque, no paraba de observar a todo lo que se movía a mi alrededor "¿serán húngaros?", estaba loco por tener ya contacto con Hungría o con algo que se identificase como tal. Llegó la hora y todos al avión, al llegar los primeros a facturar nos asignaron los mejores asientos del aparato, cuero, grandes, espaciosos, de esos que cuando hay primera son de primera. El viaje fue perfecto, tranquilo, con paisajes primero de las costas españolas y más tarde de los Alpes que maravillaban nuestras vistas, ese majestuoso Mont Blanc ahí estaba, sería difícil que algún día pudiera subir por sus cuesta como había soñado muchas veces, pero por lo menos tendría un recuerdo en vivo de él, era impresionante cómo se levantaba sobre el resto de las cumbres. *"Mira Lali, Montecarlo y más adelante Italia, y aquello que está bajo el mar de nubes deben de ser Austria y Hungría".* El avión cogió rumbo hacia Hungría y en pocos minutos estábamos bajo las nubes, de repente todo se hizo más oscuro y daba la impresión de que el día trascurría mucho más deprisa de lo normal, casi sin darnos cuenta se hizo prácticamente de noche, aun así nos dio tiempo a atisbar las grandes llanuras húngaras, no paraba de pensar: *"Ahí están nuestras niñas, esperándonos".*

(Imágenes de los Alpes desde el vuelo a Budapest)

Aterrizaje perfecto y al bus que nos llevaría a la terminal B del aeropuerto de Budapest. En el bus escuché cómo una señora se dirigía a su hijo en castellano y le hacía carantoñas, aquello me extrañó, qué situación más rara, una mujer sola con un niño pequeño de viaje en Budapest, por lo que yo que de vergüenza ando escaso, me dirigí primero al niño, con unas cucamonas y luego a la mama: *"¿Qué, de vacaciones?"*, a lo que me responde: *"no, vivimos aquí, es que mi marido trabaja en Budapest"*, de nuevo mi vergüenza se queda en la maleta y pregunto: *"¿y en qué trabaja?"*, y responde *"pues trabaja en el consulado español en Budapest"*, entonces ella me echa una mano preguntándonos *"¿vosotros de vacaciones no?"*, respondimos *"pues no, venimos a recoger a nuestras hijas..."*, y nos dice: *" pues esperaros y os presento a mi marido que ha venido a recogernos, nunca se sabe, os puede hacer falta que en algún momento os eche una mano, además no solo trabaja en el consulado, es el agregado de interior en la embajada, se llama Marcos"*, qué alegría me llevé, el agregado de interior, nos lo presentó, charlamos unos minutos, le contamos el motivo de nuestro viaje y me dio su tarjeta, *"no dudes en llamarme para cualquier cosa que te surja"*. Le comenté que teníamos que ver al señor Peña en la embajada, que era quien nos tendría que facilitar los pasaportes de las niñas, a lo que contestó; *" es un señor encantador, además muy amigo mío, no te preocupes que le informo de vuestra llegada"*, nos despedimos y quedamos en vernos el día que viajásemos a Budapest desde la provincia para arreglar los primeros papeles, Aquello empezaba con buen pie.

Nos dirigimos a la fila de los taxis. Es muy curioso, antes de coger taxi, te acercas a una ventanilla, donde te hacen un resguardo en el que se refleja el recorrido que quieres efectuar y el importe que has de pagarle al taxista. Esto evita en un principio cualquier tipo de picaresca y, además, te relaja en los primeros contactos con el país ya que te espera un idioma que no entiendes, ciudades y calles que no conoces, y encima de noche.

El señor de la ventanilla que nos expendió el ticket, al ver lo voluminoso de nuestro equipaje llamó al taxi más grande que había en la fila y, antes de abrir la boca en mi ínfimo húngaro, nos pregunta el taxista: *"¿Italianos?"*, *"no españoles"*. Le pregunto: *"¿Hablas español?"*, *"sí, bueno un poco"*, qué suerte la nuestra de nuevo, hablaba perfectamente español, había estado en República Dominicana y en el levante español. Durante el viaje al Hotel, le pregunté sobre todo lo que se me ocurría, nos dio algunos consejos para los dos días que estaremos en Budapest y nos dejó en la puerta del Hotel, muy majo el tipo.

Esa misma noche, después de comunicar a la familia nuestra llegada y acomodo, llamamos a Catalina por teléfono. Catalina es una de las colaboradoras de Mimo en Hungría y ya llevábamos planeado desde España que el sábado 18 ella nos ensañaría la ciudad. Quedamos a las 10:00 del día siguiente en la recepción del hotel, después salimos a dar un paseo y a buscar un sitio donde cenar, dimos un par de vueltas por Pest, nos gustó mucho un café de época y allí mismo nos tomamos una cervecita.

Tras el avituallamiento, continuamos con la tarea de buscar donde cenar, todo parecía tranquilo, seguro, no teníamos sensación de inseguridad, por lo que nos atrevimos a salir de la calle principal y callejear, la zona me recordaba mucho a la Gran Vía Madrileña, pero mucho más tranquila. Por fin encontramos un sitio que nos gustó, a simple vista tenía varios de los ingredientes que buscábamos, tranquilo, aunque bastante gente cenaba, algo fino, ambiente romántico, y una carta extensa.

El primer contacto con la cocina húngara de la que tanto había leído. El Maître realizando un enorme esfuerzo y, un poco en húngaro y un poco en inglés, nos consiguió recomendar algunos platos típicos. Unos entrantes, queso de cabra... y Gullas, un Gullas un poco de diseño, pero la verdad es que estaba muy bueno todo, incluido el vino que nos recomendó, un Cabernet Sauvignon de autor que se asemejaba mucho a los buenos vinos españoles de la ribera del Duero. La cena fue perfecta, incluso tuvimos en la mesa de al lado una pequeña novela algo rara. Primero llegaron dos chicas que se dieron un considerable filete y, más tarde, llegó un chaval, al que se acercó una de ellas mientras la otra le miraba con cara de pocos amigos. El caso es que cenaron juntos los tres pero nada de filetes ni de manitas entre ellas desde que llegó él (ahora cada uno que elucubre).

Tras la cena, paseíto por el centro de Budapest. Eran las primeras horas en Hungría y no podía dejar de mirar a todos los lados, fijándome en todas las fachadas, en todos los escaparates, en el tipo de tiendas, en la indumentaria de la gente, en definitiva intentando descubrir desde un primer momento la identidad húngara. Hacía ya muchos meses que no dejaba de pensar en Hungría, en su gente, en sus costumbres, necesitaba sellar ese vínculo que desde hacía mucho tiempo estaba echando raíces en mí. A media noche regresamos al hotel y nos dispusimos a descansar, sabíamos que al día siguiente tendríamos una sesión monumental e histórica con Catalina y queríamos estar en forma.

17 de Febrero del 2007

A las 10:00 de la mañana esperábamos en la recepción del hotel el encuentro con Catalina y a los pocos minutos apareció. Era inconfundible, señora de avanzada edad, con el pelo blanco, arreglada pero informal, y buscando descaradamente alguien a quien dirigirse. Solo hizo falta un saludo con la mano desde lejos, para que ambos supiéramos que nos estábamos buscando el uno al otro; *"¿vos sos Enrique?" "Hola queridos, ¿como estásss?"*, *"bien"* le contestamos y, de repente, comenzó un torbellino de mujer a dirigir la situación. No paraba de hablar, sin apenas conocernos ya nos trataba como si llevásemos días juntos, tenía claro que nos llevaríamos bien.

Una vez terminadas las presentaciones, nos preguntó por el coche y le comenté que para ese día habíamos pensado utilizar los servicios públicos, a lo que de manera segura y rotunda Catalina rechazó; *"no, mejor alquilemos un coche, el taxi os saldrá muy caro"*. Aun así la disuadí de alquilar coche y le dije que ese día no sería un problema el precio de los taxis, ya que yo lo prefería así, quería disfrutar de las vistas y no quería estar preocupado por el aparcamiento, por la circulación…, de manera que nos encaminamos a coger el primer taxi del día. Aclarar que en Budapest funcionan distintas franquicias de Taxi y que, según nos contó Catalina, la diferencia de precios de unos a otros puede ser muy grande. De manera que el primer objetivo era buscar un taxi de los que tienen una bandera a cuadros rojos y blancos. Catalina comentó que esta casa eran serios y baratos, ¡¡¡¡suerte!!!! En la puerta del hotel había una parada de esta casa y conseguir el primer taxi fue sencillo y rápido, con él nos dirigimos al centro histórico de Buda. Una vez allí, vistamos la iglesia de San Matías, enseguida entendí que aquello para los húngaros más que un monumento religioso era una de las piezas claves de su historia. Junto a esta iglesia se encuentra el Bastión de los Pescadores, desde este bastión las vistas del Danubio y de Pest son dignas de ver. La imagen del puente de las cadenas es la que se refleja en la mayoría de las postales y, desde aquí, se puede comprobar la majestuosidad del Danubio partiendo en dos y uniendo a la vez aquellas dos ciudades (Buda y Pest). El tiempo no acompañaba, el frío era de considerar, si no creo que hubiera sugerido pasar un buen rato en ese lugar. Tanto la Basílica como el bastión de los pescadores hacían una fiel referencia a la belleza histórica y artística de Buda. En este mismo centro histórico de Buda se encuentra el Palacio. Éste ha sido trasformado en museo, lo vistamos y empezó a pasar factura a nuestras fuerzas, El Palacio como obra arquitectónica es muy bonito, pero la parte del museo, reconozco que no somos unos grandes amantes del arte pictórico y este museo que debe ser visita obligada para los amantes de este arte es enorme. La primera parte es interesante pues en ella se refleja un período de la historia del país y Catalina, que se la conoce bastante a fondo te explica con pelos y señales muchas de las representaciones allí expuestas. Pero la segunda parte del museo, cuando empezamos con los autores del modernismo y con los pintores del país, empieza hacerse un poco pesada y, sin desmerecer ese arte, y sin querer incomodar, empecé a tirar puntaditas para terminar cuanto antes con esa visita y pasar a otros lugares de mayor interés para nosotros. Aquellas indirectas no surtieron efecto y nos paseamos por todos los rincones del museo, incluidas las salas de ese arte tan poco arte desde mi punto de vista. Para que os hagáis una idea: dos zapatos doblados y pintados a brochazos sobre una palangana, un tren de latas de tomate pintado con espray de colores, dos piedras sobre un trozo de madera, un clavo doblado... en fin, que desde mi humilde opinión, ni arte ni na de na, sobre todo nada que tenga que ver con Buda ni con Pest ni con Hungría. Esto no es una crítica a Catalina, pues seguro que en su intención estaba el satisfacer al máximo nuestras expectativas y entiende que si esto forma parte del museo te interesa verlo. A continuación, pasamos a visitar en el mismo recinto el patio de Armas y las vistas de la muralla que en su día defendió a Buda de sus invasores. Una vez terminó esta visita, volvimos por nuestros pasos hacia la plaza de la iglesia de San Matías para disponernos a coger un taxi. Las calles de aquel centro histórico tienen un encanto especial y, sin duda, la próxima vez que visite ese país procuraré pasar una larga mañana observando sus rincones.

En estos momentos y siguiendo las instrucciones de Catalina el objetivo era coger un taxi, eso sí, un taxi de los de la bandera a cuadros rojos y blancos y, a pesar de que pasaban por delante de nosotros una infinidad de taxis, acatamos el criterio de Catalina y al cabo de unos 20 minutos de paseo conseguimos el preciado objetivo: un taxi de cuadros rojos y blancos. Por aquel entonces yo empecé a pensar de dónde sacaba esa mujer la energía. No habíamos parado desde las 10 de la mañana, eran las dos del medio día, nuestros pies empezaban a estar un poco resentidos y ella parecía no haber siquiera calentado motores.

La siguiente visita fue a la Basílica de San Estaban, es la iglesia más grande de Budapest y tiene una cúpula que se ve desde casi toda la ciudad. La Basílica conserva la reliquia más importante de Hungría: la Sagrada Diestra, el brazo momificado del primer rey, que le dio nombre también a la Basílica, el rey Estaban.

Llegó la hora de la comida, Catalina estaba indecisa, no sabía bien donde llevarnos. Tenía claro que no podíamos movernos de la zona, pues se hacía tarde, por lo que dimos un pequeño paseo hasta que encontramos un sitio donde parecía merecería la pena comer. Segundo contacto con la cocina Húngara, esta vez asistidos por Catalina. Todo resultó más fácil, sobre todo resultó fácil entender que aquella cocina era un poco diferente a lo que esperábamos y que nada de lo que te explicaban tenía luego una relación con lo que esperabas, unas combinaciones de sabores y texturas a los no estábamos acostumbrados, por lo que todo era una sorpresa.

La comida fue muy divertida, Catalina nos contó parte de su historia personal, de sus tiempos en Uruguay, de su regreso a Hungría, de su familia... Acompañamos la comida con un vino del país y nos sentó de maravilla, sobre todo a Catalina, que sonreía y no paraba de hablar.

Aquella comida fue un balón de oxigeno, pues la mañana había sido intensa pero aún quedaba tela que cortar. Tras la comida, para bajar las calorías ingeridas y minimizar los efectos del vino, nos dispusimos a pasear hasta el parlamento de Pest. Por el camino pudimos ver el edificio de la Televisión, el famoso edificio que días atrás había sido objeto de revueltas y protestas contra el gobierno, por supuesto, vallado y sin posibilidad de acercarse. Justo al lado, la plaza Roja, con su monolito coronado por la estrella soviética y engalanado de coronas, uno de últimos vestigios del paso de los rusos por aquel país. Sobre Catalina ya habíamos recibido unas acertada indicación por parte de Katia en Madrid, en la que me advirtió de su comunismo arraigado en lo más profundo y ella ya había dejado entrever a lo largo del día su condición y sus pensamientos sobre lo mal que se encontraba todo desde que los soviéticos tuvieron que abandonar el país. Como yo ya conocía su condición de antemano, jugué con ventaja y, por si se terciaba, había llevado un regalo que sabía sería muy especial para una persona con ese sentimiento (las canciones del bando republicano en la guerra civil española). Durante la mañana y, como con ella fue muy fácil establecer lazo, ya le hablé del disco, recuerdo el abrazo que me dio cuando se lo dije. Pues bien, todo esto creo que le dio pie a desatar su sentir sobre la situación y a su vez a contar con añoranza los buenos tiempos que según su opinión se vivieron en aquel país durante la estancia de los liberadores, pues ella tiene muy claro que los Rusos no habían sido invasores de su país sino liberadores de las garras de los nazis, y le dolía mucho que este hecho no se reconociera por parte de las generaciones actuales.

El paseo continuó y llegamos a las puestas del parlamento, edificio impresionante y, allí frente a su puerta principal, nos describió con todo lujo de detalles aquel día en el que el ejército ruso utilizó la fuerza contra los manifestantes y la manipulación de las imágenes que habían dado la vuelta al mundo, alegando y señalando una balconada desde la que tirados postrados atacaban a los soldados rusos, por lo que éstos se vieron obligados a utilizar la fuerza. La verdad es que nunca seguí esta historia a fondo, pero aunque solo sea por la emotividad que Catalina le ponía merecía la pena escuchar su versión de los hechos, todo esto observando la maravillosa obra arquitectónica que es el edificio del parlamento.

La noche se echaba encima y nuestras fuerzas estaban empezando a agotarse por momentos. Le preguntamos a Catalina que más tenía pensado visitar y nos dijo que tenía muchas cosas por ver, a lo que le dijimos; *"llévanos solo a lo que consideres más interesante, pues estamos cansados, mañana nos espera un largo viaje y tú también estarás ya cansada"*, *"por mí no sufráis, que aguanto lo que haga falta"*, así que de nuevo emprendimos la busca del taxi (el de cuadros rojos...). Esta vez fue relativamente rápido localizarlo, nuestro próximo destino: el Palacio de la Ópera y la Plaza de los Héroes, el Palacio de la Ópera lo vimos desde el taxi, pues no era

43

posible visitarlo en ese momento, por lo que una vez visto de ida y de vuelta, nos dirigimos a la Plaza de los Héroes. Allí y visto que la visita sería relativamente rápida, le pedimos al taxi que nos esperara aparcado. Catalina nos explicó uno por uno desde el Rey Esteban hasta el último allí representado por su escultura, las dinastías y sucesiones de la corona de Hungría, todos ellos tenían en su haber el haber luchado por la liberación del país repeliendo las agresiones de los invasores. Pero, aparte de la belleza y la también majestuosidad e la plaza, lo que a mí me seguía sorprendiendo era la marcha que Catalina tenía a aquellas horas. Unos chicos que jugaban con unos patines en unos escalones por poco se la llevan por delante y sonriendo les dijo, no, yo no puedo montar que soy un poco mayor ya para esto.

Nos dirigimos al taxi que nos estaba esperando dando ya por hecho que era la última visita de un intenso día, pero aún nos esperaba una sorpresa. Muy cerca de allí se encontraba una pequeña ciudad en un parque, en la que en tamaño reducido, se encontraban representados los edificios más significativos de Budapest. Aunque el cansancio nos tenía algo bajos, reconozco que la visita mereció la pena. De allí, acompañamos a Catalina a su casa y el taxi nos devolvió al hotel. Con Catalina habíamos quedado al día siguiente de nuevo en el hotel, pues necesitábamos que nos echase una mano con el alquiler del coche, éste ya lo llevábamos gestionado desde España, pero desconocía qué tipo de interlocutor me encontraría y no quería sorpresas con respecto a los contratos o cláusulas que firmaría.

Una vez en el hotel, como a las nueve de la noche y tras un intenso día aprovechamos para relajarnos, habíamos "visto" Budapest y ya quedaba menos para el gran día.

Lo que realmente ocupaba nuestra cabeza era el viaje del siguiente día, nos desplazaríamos a la otra punta del país. Esa noche con un par de manzanas nos apañamos y muy pronto, gracias al ajetreado día, comenzamos a roncar como angelitos.

18 de Febrero del 2007

Sonó el despertador y un día lleno de emociones nos esperaba, viajaríamos a Nyíregyháza, ciudad que es la capital de la provincia en la que viven las niñas, allí conoceremos a Anikó, nuestra consejera en el país por parte de Mimo y pasaremos las últimas horas antes del día de la visita.

Tras el desayuno, recogimos las maletas de la habitación y nos dirigimos al hall del hotel. Catalina estaba puntual esperándonos, la acompañaban su hija y su nieto, me ayudaron a resolver las dudas con el señor que nos trajo el coche de alquiler, y eso sí, Catalina lo primero que hizo al verme fue decirme *"el CD"*. No me podía imaginar el efecto que había tenido en ella la promesa del regalo, creo que esa noche la pasó pensando en su CD.

Una vez solucionados todos los papeleos con la casa de alquiler del coche, regresé al hall del hotel y, entre despidos y deseos de suerte, la hija de Catalina nos pidió las fotos de las niñas para verlas. Según nos comentó Catalina, tenía un don especial para identificar cualidades en las personas. Observó ambas fotos y detenidamente nos comentó que íbamos a ser muy felices con ellas y solo nos hizo un apunte especial, cogió la foto de Sandra y nos dijo *"esta niña traerá a los hombres de calle, prepararos pues será una rompe corazones"* y, mirando la foto de Sofía, dijo *"ésta será la jefa"*. A continuación, cargamos las maletas en el coche y tras una efusiva despedida partimos camino de nuestro destino.

Siguiendo las indicaciones de Catalina y utilizando la orientación y memoria que, modestia aparte, me caracteriza, en unos minutos habíamos salido de Budapest y estábamos en la autopista, teníamos por delante algo más de 200 Kilómetros.

Durante el viaje solo observábamos las casas, el estilo de ciudades que nos acompañaban junto a la carretera. Pasamos junto a Húngaro Ring, el circuito de Velocidad, el que llevaba un par de años viendo en las carreras de Fórmula 1 y sobre el que ya sentía una atracción especial, como sobre todo lo húngaro.

Los últimos dos años lo habíamos pasado imaginando ¿cómo será Hungría? y ahí la teníamos. La verdad es que la foto no era muy luminosa, no era esa imagen que te enamora según la ves, más bien era todo un poco oscuro y gris, era invierno (18 de febrero), los campos no tenía apenas vegetación y los árboles estaban deshojados, tampoco desde el coche se podía observar mucho más.

Tras una hora y media de conducción sosegada y disfrutando de cada Kilómetro, llegamos al desvío donde se acababa la autopista y comenzaba una carretera local. Aquello empezó a tener otra pinta, la Hungría rural tenía pinta de estar un poco abandonada, malas carreteras, los pueblos por los que pasábamos sin llegar a tener un aspecto de sucios, tenían algo que no los hacía atractivos, aun así no se respiraba inseguridad ni miseria, pero sí escasez.

A la una de la tarde, más o menos, entrábamos en Nyíregyháza. Aquello cambiaba con respecto a lo que habíamos visto por el camino. Nos encontramos con una ciudad muy parecida a lo que puede ser un barrio en España, sus talleres, sus concesionarios de coches, centros comerciales y edificios de entre cuatro y 10 plantas con un aspecto algo viejo y sencillo. Siguiendo las instrucciones que Aniko nos facilitó por correo, llegamos a la plaza que nos describió y la llamamos por teléfono. Por fin conoceríamos a Aniko, la que sería nuestro ángel de la guarda durante los próximos 45 días. En unos minutos, se presentó en el lugar, nos saludamos y nos dirigimos a la pensión donde habíamos reservado habitación para la primera semana.

Con Aniko solo había tenido un par de cruces de correo, por lo que desconocía cuál sería su verdadero nivel del español, cosa que quedó aclarada en el mismo momento en el que montó en el coche y preguntó en perfecto español, *"¿Qué tal el viaje?, ¿ha sido fácil encontrar la plaza?"*, aquello también supuso un respiro, todo estaba saliendo como Katia nos lo había descrito.

Atravesamos la ciudad y a las afueras nos encontramos con la pensión (Oson Panzio), nos dirigimos junto a Aniko a la recepción, bar, mostrador….(todo en uno) y comenzó nuestra dependencia de Aniko, si no es por ella no sé cómo nos habríamos entendido con el personal de la pensión, pero bueno, estaba ella y todo se agilizó. Un lugar sencillo, con un olor algo raro para nosotros, pero en un enclave agradable, ubicado en medio de un pequeño bosque, era el sitio perfecto para unos pocos días.

Dejamos las maletas en la habitación y junto a Aniko salimos a buscar un sitio para comer, nos sugirió ir a un restaurante que se encontraba en un parque cercano y, asesorados por ella, comimos algo de pescado y pasta. Seguía siendo todo un poco extraño para nuestro paladar, pero no estaba mal, como buenos comilones que somos nos apetecía descubrir nuevos sabores.

Durante la comida nos dedicamos a interrogar a Aniko, *"¿conoces a las niñas?"*, pero ella personalmente no las conocía, eso sí, nos aseguraba que solo había oído hablar maravillas de ellas, *"¿y cómo trascurrirá mañana el día?"*, ella procuraba tranquilizarnos *"nos os preocupéis, la responsable de la provincia es Catalin y es una mujer encantadora y, seguro que nos facilitará mucho las cosas"*. Nos explicó cuál sería el programa del día y nos adelantó cómo trascurrirían los próximos. El primer día (al día siguiente, 19 de febrero de 2007) y, a primera hora, reunión en la consejería del menor, donde mantendríamos una entrevista con Catalin. Más tarde, nos desplazaríamos todos (nosotros, Anikó y Catalin) a Csenger, que es el Pueblo donde están viviendo las niñas y que se encuentra a unos 100 Km. de Nyíregyháza. Una vez en la casa, nos recibiría la consejera de la familia de acogida (Viola), ella nos presentaría a las niñas y todo dependerá un poco del encaje de las niñas ante nuestra presencia para que se alargase más o menos la visita, aunque calculaban que un par de horas sería lo apropiado. Una vez terminase la visita, tendríamos la primera vista con el juez, éste autorizaría el régimen de visitas e iniciaríamos los primeros trámites legales para la adopción. Durante los siguientes días, se sucederían las vistas a la casa y, tras una semana y si todo iba bien, se nos propondría ante el juez para que éste dictase convivencia provisional. Una vez sucediera esto, podríamos marcharnos con las niñas a convivir en una casa de alquiler y allí transcurrirían las siguientes semanas. Durante éstas, tendríamos un par de visitas por parte de las autoridades y redactarían un informe de la situación, supervisarían que todo estaba en orden y que los lazos eran lo suficiente fuertes. Tras estas semanas a determinar por el juez (ya nos habían avisado que serían por lo menos 45 días, entre 6 y 7 semanas) tendríamos la última vista, en ésta, si todo había ido bien, se nos concedería la adopción plena. Después papeleos, partidas de nacimiento, viaje a la embajada para inscribir a las niñas en el libro de familia y, en un par de días, a volar para España.

Tras ponernos al día de cómo tendría que trascurrir todo, Anikó nos adelantó que durante los dos primeros días ella estaría con nosotros en las visitas pero que los siguientes días de la semana y el día del primer juicio no sería ella quien nos acompañase, que tenía que salir de viaje y que Sofí, una persona que también trabajaba para Mimo, haría de consejera en su ausencia. Sofí sería la persona que nos ayudaría durante esos días, este detalle de la ausencia de Anikó ya nos lo había adelantado Katia en Madrid. La verdad es que después conocer a Aniko y teniendo en cuenta que a mí no me gustan nada los cambios de última hora, me dejó un poco intranquilo el tema, pero enseguida reflexioné y me dije: esto es lo que hay, vengo con el propósito de aceptar todo lo que venga y como venga, quiero disfrutar lo máximo posible y evitar que pequeñeces o cosas intrascendentes me resten el poder saborear los momentos que intuía iban a ser únicos. Tras la comida, paseamos por los alrededores, visitamos unos baños termales (desde fuera), aquello tenía mejor pinta de lo esperado tras el viaje de Budapest a la provincia y todo apuntaba a que estaríamos bien en esa ciudad.

Esa misma tarde pasamos por la Oficina de Aniko, donde puso a nuestra disposición sus medios, correo electrónico, teléfono, ..., mandamos los primeros mensajes, aún sin el contenido que todos esperaban, pero ya quedaba menos. Lo siguiente que hicimos fue ubicar el lugar donde nos encontraríamos por la mañana (la oficina del menor), no quería dejar ni un solo detalle que nos pudiera suponer un trastorno al día siguiente y hasta no estar seguro de conocer bien el camino hasta la ofician no me quedé tranquilo, por lo que realizamos el recorrido en coche para conocer el itinerario.

Ya entrada la noche, paseamos por el centro de la ciudad, tomamos un café mientras Aniko nos daba los últimos apuntes para los próximos días y nos marchamos al hotel.

Tras ordenar un poco las maletas y ropa, bajamos a cenar al bar del hotel, toda una odisea. La carta, aunque también estaba escrita en inglés, no había quien la entendiera, la composición de los platos era rarísima y nadie podía explicarnos en qué consistía cada cosa, por lo que nos aventuramos y pedimos dos platos cada uno, salvo la ensalada César que es igual que en el resto del mundo, lo demás no nos gustó nada, todo estaba regado con una salsa agria y acompañado de unos pegotes de pasta, que no lo hacían muy apetecible. De todos modos, era lo que había, así que comimos lo que pudimos y a la cama. Nos esperaba un día muy emocionante y agitado, y estábamos seguros de que nos costaría conciliar el sueño. Antes de dormir, nos dedicamos unas palabras de ánimo y a esperar que amanezca.

19 de Febrero del 2007

7:30 AM. El despertador sonó por fin, el gran día había llegado y lo que a partir de ese momento pasase serían los momentos más importantes de nuestra vida, momentos que sabíamos nunca olvidaríamos.

Ducha, desayuno y al coche. Habíamos quedado a las 9:00, El recorrido era de apenas 10 minutos, pero por si las moscas, a las 8:30 ya estamos en marcha, Lali me decía que era muy pronto, pero..., llegamos 20 minutos antes.

Nos plantamos en la puerta de aquel edificio y observamos todo lo que nos rodeaba. Llegaban familias con niños pequeños, niños algo más grandes, hasta que, por fin, apareció Aniko. Tras preguntar por Catalin en recepción nos dirigimos a sus dependencias, nos pasaron a un despacho en el que aún no había nadie. Encima de aquella mesa y colocadas hacia nosotros había dos fotos, dos niñas morenas con el pelo largo, una, la mayor, lloraba desconsoladamente y la pequeña la miraba con ojos de *"pero qué te pasa"*. Los dos las miramos durante unos segundos y le dije a Lali: *"¿Qué pasa no las reconoces?"," ¿son ellas?"* me preguntó. En un principio no se parecían mucho a las dos niñas de las fotos que hemos tenido hasta ahora, un poco más mayores. Pelo mucho más largo, algo cambiadas con respecto a la foto que nos había facilitado Katia y, además, Sandra lloraba, pero sí, estaba claro que eran ellas.

A los pocos minutos, apareció Catalin (la directora de la oficina del menor en la provincia) junto con otra joven, nos saludó y se sentó en su silla. Nos miró, miró las fotos y al vernos sonreír, se dio cuenta de que las habíamos reconocido. Siempre pienso que el despacho vacío y las fotos sobre la mesa era algo preparado, necesitábamos reconocerlas antes de comenzar la entrevista.

Con la inestimable intermediación de Anikó, pasamos a la rueda de preguntas: "¿*Qué esperáis encontraros?, ¿Estáis de verdad preparador para dar este paso?, ¿Qué opina la familia en España?*"... Todo en un tono amable, distendido, haciéndonos sentir relajados.

Según transcurrían los minutos comprobaba que estábamos ante una institución seria, organizada y que a nosotros se dirigía una persona que de verdad se dedicaba a los niños, que velaba por su bienestar, la verdad es que me hizo sentir muy bien en aquel momento. Catalin nos avisó de lo que nos íbamos a encontrar, nos dijo que las niñas estaban bien cuidadas y atendidas, pero que la familia que las atendía era una familia muy humilde, que no esperásemos ningún lujo, sino todo lo contrario, pero que eran muy buena gente y que nos recibirían muy bien y, sin más preámbulos, Catalin dio la señal de partida.

<u>(Quiero mencionar una imagen que se me quedó grabada en la retina, cuando bajábamos las escaleras para salir del edificio. En el descansillo de la primera planta se encontraban dos niños de etnia gitana, de unos 8 o 9 años, parecían hermanos, me impactó su mirada, en ella se descubría miedo y necesidad. El</u>

mayor claramente protegía al pequeño, seguro que no sabía de qué pero le protegía, fueron unos segundos, pero no puedo ni quiero olvidarlos, espero y deseo muchas veces que ahora sean felices, que sigan juntos y que aquella gente de la consejería del menor les haya podido proporcionar una buena vida).

Salimos del edificio y nos dirigimos al coche. Catalin accedió a sentarse delante conmigo y en la parte trasera se ajustaban Aniko, Lali y la acompañante de Catalin. Siguiendo las indicaciones de Catalin salimos de Nyíregyháza y pusimos rumbo a Csenger, el camino era relativamente corto unos 100 Kilómetros. Los primeros 60 Kilómetros trascurrieron por una carretera que se asemejaba a las nacionales en España y, a continuación, un desvío que indicaba a Matesalka. Matesalka es la ciudad donde habían nacido las niñas y es la población de referencia para los pueblos cercanos a ella, entre ellos Csenger. En esta ciudad además está el juzgado al que nos tendremos que dirigir para los juicios.

El camino trascurrió atravesando varios pueblos, estos marcaban claramente la forma de vida de las gentes de esta parte de Hungría. Todos los pueblos estaban formados por casas bajas, todas con su pequeña parcela, de aspecto humilde, poco cuidadas y marcadas por ese color gris que junto al clima y la vegetación, reflejaban una foto nueva para nosotros, pero muy previsible de esta parte de Europa.

Trascurridos otros 25 Kilómetros llegamos a Matesalka, ciudad/Pueblo que está formada por pisos de media altura y casas bajas. No aparentaba ser un sitio interesante para visitar, de no ser porque era la población de referencia donde se podría encontrar de casi todo y a la que seguro acudían a diario las personas de los entornos para abastecerse.

Atravesamos Matesalka y nos dispusimos a recorrer los últimos 15 Kilómetros que nos quedaban para llegar a Csenger. La carretera se reviró un poco más pero el paisaje era el mismo que el de los últimos 25 kilómetros. En esos momentos, el nudo del estomago era ya un hecho, los nervios empezaban a florecer y, aunque intentábamos disimular, creo que todo el mundo se daba cuenta de lo que nos sucedía. Un pequeño desvío de la carretera, una rotonda y una larga recta tras la cual se veía Csenger el pueblo donde vivían las niñas. Justo antes de entrar en el núcleo urbano, salía un camino a mano derecha que llevaba a unas casas bajas, de un aspecto idéntico al del resto de casas que habíamos visto durante todo el viaje, segunda calle a la derecha y en la tercera casa, Catalin nos indica que paremos, ya hemos llegado.

En la calle no había nadie, todo parecía un poco desierto el camino era de tierra y había llovido en las últimas horas por lo que había bastante barro, el terreno adyacente a la casa estaba bastante descuidado, y un perro negro atado a una cadena en mitad de la parcela ladraba por nuestra presencia.

Catalin, abriéndonos camino, se dirigió a la puerta de la casa. En ese momento no puedo describir lo que sentía, miedo, nervios, ansiedad,... aún así intentaba aparentar tranquilidad. Catalin llama a la puerta y ésta se abre de inmediato, la imagen no se borrará de mi memoria nunca, allí estaban las dos princesas de pie, pegadas a la pared, con las manos juntas y mirando con cara de asombro. Se sentían arropadas por Viola (la consejera de la familia) y Kati (la mamá de acogida). A renglón seguido, y ante aquel momento que tanto habíamos esperado, me arranqué y a Sofía que era la que más cerca de la puerta estaba, le pedí un besito. Por lógica no era la mejor presentación, pero los nervios, la ansiedad y las ganas de tenerlas me empujaron. Resultado: Sofía se arrancó a llorar y buscaba consuelo abrazada a la pierna de Kati, mientras Sandra nos miraba fijamente y esbozaba una pequeña sonrisa. Viola y Catalin enseguida cambiaron las ternas y pasaron a las presentaciones de los adultos, renglón seguido nos pasaron a la cocina de la casa (cocina, sala de estar, comedor) y allí nos relajamos durante unos minutos.

Todo estaba pensado por su parte y, una vez las niñas también se relajaron un poco, nos invitaron a pasar con ellas a una de las habitaciones de la casa. Nosotros habíamos pensado en ese momento y teníamos preparados unos juguetees que nos permitirían romper el hielo, unas marionetas de mano, unas de dedos, una nariz de payaso y unos globos.

De repente, nos encontramos solos con ellas en una habitación, ellas nos miraban con una sonrisa forzada, imagino que Kati ya les había dicho con anterioridad "sed buenas, sonreíd que son papá y mamá….". Lali las miraba como si no diese crédito a lo que estaba viendo, se quedó como bloqueada, sin saber qué hacer ni qué decir y, entonces, decidí entrar de nuevo en acción Pensé; "espero no hacerlas llorar de nuevo" y nos pusimos manos a la obra con las marionetas. Se empezaron a reír y se acercaron a nosotros, el plan funcionaba bien y empezamos a tener contacto, pero el plan de las marionetas duró poco, pues enseguida nos las pidieron y, por supuesto, se las dimos. Entonces pasamos al plan de las marionetas de dedos, pero estas no recibieron mucha atención, así que la siguiente atracción fue la nariz de payaso. Me di la vuelta y me la coloqué, seguidamente empecé a hacer el tonto, eso las acercó un poco más a nosotros, incluso nos la pidieron para ponérsela ellas y mirándose la una a la otra se reían, "esto marcha bien". Las niñas eran un encanto y nos estaban empezando a aceptar de forma rapidísima. Mientras, en la habitación de al lado, el resto del personal charlaba y, de vez en cuando, miraban y sonreían al comprobar nuestra solvencia con la situación y lo bien que estábamos resolviendo el encuentro.

El rato de la nariz de payaso dejó de dar de sí y, cada vez que se agotaba una de las ideas, parecía que las sonrisas perdían intensidad. Era como si jugando se desinhibiesen de lo que estaba pasando, pero cuando se acababa el juego, algo las pusiera nerviosas. Entonces decidí utilizar la última de las estrategias preparadas para el momento, me acerqué al coche y saqué unos monederos con golosinas y unos globos. En una de las conversaciones que estando en Madrid tuve con Katia, me indicó que los globos podían ser una buena estrategia para provocar el juego, las risas y el contacto. ¡Y vaya que si lo fueron! De repente inflo un globo, lo suelto y el globo vuela por las habitación haciendo el típico ruido de pedorreta, esto no solo despertó sus risas, sino que incluso aparecieron las carcajadas. Las nenas se lo empezaron a pasar de miedo, meñu, meñu (vamos, vamos), no dábamos abasto a inflar y soltar los globos, ellas corrían detrás de ellos, los cogían y nos lo daban de nuevo. El momento es irrepetible, en menos de media hora habíamos pasado de los llantos a los juegos, en las caras del resto se observaba la incredulidad y las sonrisas indicaban que todo estaba trascurriendo mejor lo esperado.

En todo momento, nos apoyamos en un par de cámaras de fotos y, entre juego y juego, fotografiábamos el momento, el más feliz hasta ese día de nuestras vidas.

El tiempo pasó y para no abusar de la situación, con el objetivo de no casar a las niñas, Catalin sugirió que la visita se tendría que terminar. Con la ayuda de Aniko, les dijimos a las niñas que al día siguiente volveríamos para jugar de nuevo con ellas.

Nos despedimos de Kati y de Viola y salimos de aquella casa, con ganas de regresar lo antes posible. En silencio nos dirigimos todos hacia el coche y, una vez en él, arrancamos camino de Matesalka. No pudimos aguantarlo y empezamos a llorar, Catalin me miraba y con unas palmadas intentaba consolar mi llanto, aunque sabía perfectamente que las lágrimas eran de alegría, eran la explosión de haber logrado lo tan ansiado hacía muchos años y lo que el cielo nos estaba regalando era mucho más y mucho mejor de lo que nos podíamos imaginar. Sé que le dije algo, no recuerdo muy bien qué y cuándo Aniko fue a traducirlo, ella dijo, que no hacía falta, que sin entender español, sabía muy bien lo que estaba diciendo.

En unos minutos nos relajamos de nuevo y nos dirigimos camino del juzgado, donde nos esperaba el juez. Una vez en Matesalka, aparcamos junto a un edificio que tenía más pinta de colegio que de juzgado, era un edificio público de una sola planta. Al final de un pasillo, Catalin llamó a una puerta, y salió una señora de mediana edad, nos saludó a todos y nos invitó a pasar. Su mirada me hizo atisbar que ella era el juez al que íbamos a ver y efectivamente así fue. Nos sentamos todos en un despacho y, tras conversar un rato entre ellas (Catalin y la Juez), la magistrada nos hizo unas cuantas preguntas, sobre nuestro deseo, si conocíamos la importancia del proceso... Aniko nos explicó que esa era la primera vista y que estábamos en el primer juicio, a continuación, nos dijo que tendríamos que leernos unos documentos y firmarlos si estábamos de acuerdo con lo que allí decía, todo dentro de la normalidad. Una vez firmados los papeles, la jueza nos preguntó por las niñas, qué nos habían parecido, a lo que respondimos lo felices que estábamos y las ganas que teníamos de que llegase el próximo día para poder estar con ellas de nuevo. Conversaron un rato entre Catalin y ella, y se despidió de nosotros hasta dentro de unos días.

Salimos muy contentos de allí, intuía que todo iba a trascurrir por cauces normales, que nuestro caso sería tratado por gente sencilla, con ganas de hacer bien las cosas y con predisposición para apoyarnos en todo lo que necesitásemos.

Ya en el coche nos dijo Catalin que esta juez era muy buena persona y que estuviéramos tranquilos que seguro que todo por su parte sería muy sencillo.

El regreso a Nyíregyháza para mí fue una nube. Solo pensaba en las niñas que acabábamos de conocer y el camino se hizo ameno gracias a las conversaciones que Aniko y Catalin mantenían entre ellas y que, como era lógico, no nos requería intervenir.

Una vez en Nyíregyháza le propuse a Aniko que invitase de mi parte a Catalin a comer con nosotros. Aniko comentó que no creía que aceptase, que para ese tipo de cosas era algo reservada, pero cuando se lo propuse, Catalin sonrió y aceptó encantada la invitación, por lo que comimos juntos y seguimos recibiendo información del proceso. También nos contó un poco cómo estaba el tema de las adopciones en Hungría, recuerdo que fue una comida muy agradable y, además, aconsejados por Catalin la comida húngara empezó a tener otro color. Disfruté de un pavo relleno de beicon y champiñones con salsa agria que me encantó.

Tras la comida acercamos a Catalin a su oficina y nosotros nos dirigimos a la oficina de Aniko. Allí intentamos mandar los primeros correos a España con alguna foto del día, llamadas de teléfono… y, al caer la tarde, nos dirigimos a Ozon Panzio (la pensión Ozon). Era el primer momento en el que estábamos solos tras la vista de la mañana y teníamos ganas de compartir sensaciones.

Llegó la hora de la cenar, no sabíamos qué hacer y nos aventuramos a montar en el coche y buscar algo por la zona, pero el miedo a no saber qué pedir para comer nos llevó al universal Mac Donald, allí es fácil. Disfrutamos de nuestra hamburguesa y, tras la cenita, a la Panzio y a dormir, que el día siguiente apuntaba también estar lleno de emociones.

20 de Febrero

Un nuevo día amanece, desde primera hora de la mañana la ansiedad era patente en nosotros, solo queríamos comenzar el recorrido de esos 100 Kilómetros que nos separaban de nuestras princesas. Recogimos a Aniko y nos pusimos en marcha, eran sobre las 9:00 de la mañana y la hora convenida el día anterior para llegar a Csenger era sobre las 10:30. De camino, en Matesalka paramos para comprar unas naranjas, la idea era desayunar con Sandra y Sofía. Una vez realizada la compra (naranjas y alguna golosina), reanudamos el viaje, a las 10:30 ya estábamos en la puerta de la casa. Durante esos segundos o minutos que tardamos en aparcar y llamar a la puerta, solo podía pensar en cómo nos recibirían ellas.

Llamamos a la puerta y al abrirla, allí estaban, ¡nos estaban esperando! y la imagen no tenía nada que ver con la del día anterior. Se notaba que ellas también querían seguir viéndonos y que tenían ganas de estar con nosotros. Kati nos dijo (a través de Viola y Aniko), que se habían levantado antes que ningún día y dijo *"llevan dos horas preguntado que cuando venís"*. Enseguida estábamos desayunando juntos, comiendo naranjas y chocolate y jugando con las socorridas cámaras de fotos. Ese día nos enseñaron su bolsa de juguetes, en ella muchas piezas de juegos tipo lego y algunos pequeños muñecos, pero era suficiente. Nos ayudaba a estar juntos, hicimos trenes y subíamos a los muñecos, nos tirábamos las piezas... las cosas iban cada minuto mejor que el anterior, Sandra y Sofía empezaban a coger confianza con nosotros y eso lo notábamos nosotros y lo veían todos los que nos rodeaban.

A media mañana, pedimos permiso para salir al patio con ellas, teniendo en cuenta la situación, resultaba agotador para todos mantener mucho tiempo la actividad a un nivel que nos permitiera seguir jugando y riéndonos. Nos pusimos los abrigos y salimos al "jardín de la casa". Allí, sujeto a un tendedero de ropa había un columpio de plástico y lo utilizamos como siguiente juego. Aquí Sofía empezó a admitir un contacto físico más intenso. Hasta ese momento, Sandra se había acercado físicamente más a nosotros pero Sofía había mantenido algo más las distancias. Mientras columpiábamos a Sandra, Sofía se agarraba relajada a los brazos de Lali, era la primera vez que la cogía en brazos, la escena era un sueño, mientras, Sandra seguía disfrutando del columpio.

A pocos metros en la puertas de la casa, Kati, Viola y Aniko, también disfrutaban de la escena y, aunque yo no entendía nada de los que entre ellas decían, estoy seguro que comentaban lo bien que estaba transcurriendo todo.

Llegó la hora de la comida y Kati nos invitó a pasar a la casa. Nosotros no sabíamos qué tenían preparado para ese momento, pero también eso estaba pensado, habían colocado en la mesa de la cocina 5 servicios, para nosotros dos, Aniko, Sandra y Sofía. Pregunté que porqué no comíamos todos juntos y, con una sonrisa de complicidad, Kati negó con la cabeza y nos pidió que por favor comiéramos. Sobre la mesa, una cacerola grande con un guiso que olía de maravilla. Pregunté por el nombre de la comida y Aniko me dijo: *"Gullas, es Gullas"* (la comida más típica e importante de la gastronomía húngara). El guiso tenía mucho más caldo y menos ingredientes sólidos de los que esperaba, pero estaba muy bueno.

A todo esto, Sandra y Sofía sentadas en la mesa con su plato y su cuchara nos miraban fijamente, como expectantes de nuestros próximos movimientos. Nos ofrecimos a ayudarlas, no quisieron y con relativa habilidad, cogían la cuchara y comían (muy poco, pero comían). De repente nos dimos cuenta de que aquella comida tenía bastante picante y se lo cometamos a Aniko, ella nos aclaró que en Hungría a los niños desde muy pequeños se les da picante, por lo que seguro estarían acostumbradas a ello. Ellas apenas comieron unas cuatro o cinco cucharadas y decidieron no seguir comiendo. Tampoco nosotros comimos mucho a pesar de lo rico que estaba el

Gullas, creo que los nervios y la intensidad de la mañana no nos permitían relajarnos y comer a gusto.

He pensado muchas veces en aquella comida y en la implicación de la familia de acogida en nuestro proceso, no solo en este detalle, sino en todo lo que aconteció durante estos y lo siguientes días, y solo encuentro palabras de agradecimiento.

Tras la comida, seguimos el protocolo y la rutina marcada, ahora tocaba la siesta de las princesas, por lo que nosotros salimos a tomar un café y ellas se echaron a descansar. Aniko aprovechó y nos enseño el Hotel Schuster, único hotel del pueblo, en el que tendríamos que pasar alguna noche, al final de la semana de adaptación.

El hotel nos sorprendió muy gratamente, muy cuidado, ambiente familiar y entrañable, todo apuntaba a que sería un buen sitio para convivir y relajarnos.

Tras el café y hacer un poco de tiempo por el pueblo, nos dirigimos de nuevo a ver a las princesas, llegamos y allí estaban, de nuevo esperándonos, sonrientes, como diciendo, "qué bien, habéis venido de nuevo". Esa tarde Viola sugirió que porqué no probábamos a salir del recinto de la casa a dar un paseo por los alrededores, sin alejarnos mucho, pero fuera del entorno de la familia de Kati. Por supuesto, accedimos. Les pusimos los abrigos, los gorros y los guantes y salimos a pasear. Cerca de allí había un parque y hacia él que nos dirigimos. Era nuestro primer contacto con ellas fuera de su casa, de lo que seguro ellas consideraban su refugio y teníamos que tener mucho cuidado de no asustarlas, de no sobrepasar ciertos límites que las hicieran sentirse inseguras y así lo hicimos. Sin forzar ninguna situación, dejándonos llevar por el momento, paseábamos charlando con Aniko y con Viola y ellas también se comunicaban entre ellas.

Llegamos al parque y allí disfrutamos un rato ayudándolas a subir a los columpios, animándolas a quitarse el miedo de los toboganes y las escaleras, y enriqueciendo, poco a poco, el lazo de confianza entre ellas y nosotros.

En aquella primera salida y toma de contacto con el exterior, observamos que las dos tenían una carencia de psicomotricidad que hasta ese momento no habíamos podido observar. Subir unos escalones de un columpio perfectamente adaptado para niños de su edad era para ellas un enorme esfuerzo, lleno de miedos y a su vez de inseguridades, ambos pensamos lo mismo, cuanto antes vivamos juntos, antes podremos empezar a trabajar con ellas para solucionar estas pequeñas carencias.

Tras el rato de los columpios, continuamos con el paseo, camino hacia su casa, cogidas de nuestras manos, jugábamos a saltar y a balancearlas entre nosotros, más risas y demostraciones de alegría por su parte. Viola seguía dándonos a entender con simples miradas que alucinaba con lo que estaba viendo y Aniko traducía: *"dice Viola que parece que lleváis juntos mucho tiempo y os conocisteis ayer"*.

Una vez llegamos a su casa, nos quitamos los abrigos y pasamos un rato en la cocina de la casa, habían venido Jozsef y Beata, el marido de Kati y su hija, y entre traducciones y miradas nos presentamos y charlamos unos minutos con ellos, en aquel momento algo cambió el estado de ánimo de las niñas y Sandra se acercó a Beata y Sofía se abrazó a Jozsef. Tuve la sensación de que nos creíamos haber avanzado mucho más de lo que realmente habíamos hecho, y me di cuenta de que estaba sufriendo los primeros celos de mi nueva vida de papá, fue como un calambre que me dijo, "pues no te queda nada que currar". Pero Kati y Viola, que para eso estaban muy aleccionadas, nos comentaron que era la hora del baño, que si queríamos probar. Recuerdo que no fue un sí automático, fue una mirada cruzada y un "venga, nos atrevemos". La primera parte del baño fue bastante bien, la ropa, el agua templada, un poco de jabón, pero cuando tocó la hora de la cabeza, cambiaron los rostros, los gestos, las risas por los llantos... Era el momento más difícil y la situación más complicada después de la presentación, de nuevo había llantos, el resto del la gente esperaba en la cocina y yo pensaba "lo estarán oyendo todo, qué pensaran que está pasando...". Una vez aclaradas las cabezas el tema se relajó un poco, pero solo unos minutos, hasta que llegó la hora del secador, ahí de nuevo la concordia se fue por la ventana y a llorar de nuevo. Yo me encargué de vestir a Sandra y Lali a Sofía. Sandra fue la primera que dejó de llorar y, enseguida, salí con ella del baño, mientras Lali terminaba con el pelo de Sofía. Me dirigí a la cocina y allí todo el mundo estaba relajado, nadie preguntó por los llantos y sonrieron al verme sudando y algo agobiado. Al ratito salió Lali con Sofía, habíamos completado una etapa más y, aunque difícil y con ciertos problemas, habíamos salido airosos sin la ayuda de nadie.

Siguiente reto del día, el cacao y a la cama, y como todo parecía que con más o menos dificultad lo resolvíamos con cierta solvencia, pues para qué esperar más días, nos sugirieron que las acostásemos nosotros. Lali se encargó de acostar a Sandra, con su biberón en la mano. Ella misma se dirigió a su habitación y se subió en su cama. Dormía sola en la habitación donde habíamos estado jugando los dos días, la arropó, le dio un beso en la frente y se sentó a su lado. Se bebió el biberón y cuando lo terminó, se dio media vuelta y en cuestión de segundos se quedó dormida, estaba claro que estaba acostumbrada a dormir y a dormirse sola.

Pero a mí no me estaban saliendo igual las cosas con Sofía. Ésta estaba acostumbrada a dormir en la misma cama que Kati y Josef y no le cuadraba nada eso de yo la intentase dormir. El tema se me complicó mucho más de lo previsto, el llanto y la llamada desesperada a su "aña" (mamá en húngaro), retumbaban por el pasillo de la casa. Al final Lali, que ya había acostado a Sandra, acudió en mi ayuda, y ella armada de paciencia consiguió hacerse con la situación. Transcurrieron diez o quince minutos que a todos se nos hicieron eternos pero el final Sofía calló rendida y dormida en su cama sin la intervención de nadie ajeno a nosotros dos. Habíamos superado una nueva situación, la más comprometida para ambos hasta ese momento.

Era el momento de regresar y nos despedimos de la familia hasta el día siguiente, quedamos en regresar a las 10:30 de la mañana.

Salí de aquella casa con la sensación de dejar allí algo que ya era mío y con más ganas aún que el día anterior de regresar por la mañana.

Una vez de viaje en el coche cometamos con Aniko que teníamos pendiente aún saber dónde íbamos a vivir una vez el juez nos diese la convivencia. Una de las posibilidades que habíamos barajado con Aniko era el piso que ella alquilaba en Debrecen, pero aún no sabíamos ni cómo era ni si estaría libre para las fechas que nosotros lo necesitaríamos. En este piso en aquellas fechas estaba viviendo una pareja de gallegos, Fernando y Elena, que habían llegado un mes antes que nosotros para recoger a su hija Cristina.

Yo ya había establecido contacto con Fernando desde Madrid para preguntarles e interrogarles sobre cómo se vivía en Hungría, habíamos hablado por teléfono tres veces. Por lo que sin conocernos personalmente ya nos conocíamos y cuando le comenté esto a Aniko, nos propuso pasarnos esa misma noche por Debrechen y así podríamos ver el piso y hablar con Fernando y Elena. Decidimos hacer el viaje y, aunque estaba un poco lejos, era un viaje de un par de horas, teníamos que empezar a resolver el tema de la vivienda para el próximo mes y medio.

Siguiendo las indicaciones de Aniko, llegamos a Debrecen, era de noche y estábamos cansados. A simple vista una ciudad con bastante tráfico. Después de Budapest la más grande en la que habíamos estado (es la 2ª ciudad en número de habitantes de Hungría), el piso de Aniko no estaba en el centro de la ciudad, pero sí cerca, estaba en un barrio aparentemente tranquilo. El piso era un tercero sin ascensor (no se llevan mucho por allí los ascensores), y el portal un poco oscuro, pero parecía un lugar seguro. Una vez subimos los tres pisos y llamamos a la puerta, nos recibieron Fernando y Elena, *"hombre familia, que alegría conoceros, pasar, pasar"*... Pasamos un rato muy agradable con ellos, conocimos a Cristina su hija, un torbellino encantador de niña y compartimos con ellos nuestros nuevos sentimientos. Nos contaron cómo había sido su estancia y lo poco que les quedaba para volver a España, a su tierra gallega. Tras un buen rato de tertulia y un par de cervezas, nos enseñaron el piso, la verdad es que era perfecto para lo que necesitábamos, eso sí, un calor algo fuera de lo normal, era invierno y había que tener las ventanas abiertas para no sudar. Del piso, destacar algunas curiosidades; como que la bañera y el retrete se encuentran en distintas habitaciones o que la lavadora está en el baño y desagua a la bañera, pequeñas reseñas que nos recordaban un poco más que estábamos en otro país y que su cultura en ciertos aspectos es distinta a la nuestra. Retomamos con ellos el tema que nos ocupaba, que era la ocupación del piso, y vimos que las fechas, para su viaje a España, estaban un poco en el aire. Tenían alguna dificultad con los billetes de avión, pero nada hacía indicar que no pudiéramos coordinar su salida con nuestra entrada.

Se hacía tarde, había que acostar a Cristina y nosotros teníamos un viaje de hora y media aun hasta Nyíregyháza, así que nos dimos muchos abrazos, nos deseamos suerte y sobre todo nos comprometimos a vernos en España. QUÉ GRAN FAMILIA Y QUÉ BUENA GENTE.

De vuelta en Nyíregyháza, nos despedimos de Aniko, estaría unos días sin vernos y en su lugar los próximos días nos acompañaría Sofí. La verdad es que una vez trascurridos los dos primeros días, la inseguridad estaba controlada y ya no suponía tanto problema.

Cenamos ligeros y a la cama que el día había sido agotador.

21 de Febrero de 2007

Como cada mañana bajamos a desayunar, a la hora acordada salí al hall de la pensión a buscar a Sofí, no nos conocíamos, por lo que tendríamos que intuir el uno o el otro que nos estábamos buscando. No fue difícil, una chica jovencita se acercaba mirando y buscando a alguien, me dirigí a ella y le pregunte *"¿Sofí?", "sí, soy yo", "¿sois Enrique y Lali?", "sí, somos nosotros, ¿quieres tomar un zumo o un café?", "no gracias"*.

Qué tranquilidad, hablaba español muy bien y el idioma no sería una dificultad. Le pregunté que si había acompañado a más familias, y nos cometo que sí pero que muy poco, que esta sería la vez que más tiempo estaría haciendo el trabajo. Bueno no pasa nada pensé, creo que nos defenderemos.

Salimos de la pensión y nos dirigimos al centro de Nyíregyháza, Lali había sugerido comprar unos cuadernos y unas pinturas para regalárselas a las niñas y Sofí nos llevo hasta la tienda. Dos cuadernos de cuadrículas con las pastas de Mickey Mouse y Pluto y unas pinturas de cera. Lali estaba segura de que les gustaría mucho y que nos lo pasaríamos bien con ellas dibujando y pintando.

Durante el viaje, pusimos a Sofí al día de cómo había ido todo, fue uno de los viajes más peligrosos que realizamos. Estaba medio lloviendo medio con niebla y la carretera que de por sí no estaba muy bien, con esas condiciones empeoró bastante.

Pero no fue eso lo que hizo del viaje una odisea, fueron el resto de los vehículos que circulaban, en al menos tres ocasiones, en una carretera de doble dirección, nos cruzamos con un camión que venía de frente, nosotros y un coche en medio adelantando al camión, la gente adelantaba a los camiones y parecía decirte, "como no te quites tú…", el susto en el primer adelantamiento que nos cruzamos fue de muerte, a lo que Sofí nos dijo, *"aquí eso es normal, son unos brutos, y sobre todo en esta carretera que une Rumania y Hungría, muchos de estos han cruzado la frontera sin papeles y parece que estuvieran fuera de la ley"*. Solo quedaba extremar la precaución y tener mucho cuidado.

Durante el viaje le preguntamos a Sofí si conocía la zona donde estaban viviendo Sandra y Sofía, nos dijo que no, que ella no había estado nunca en esa zona de la provincia pero que le sonaba era una zona muy pobre, la verdad es que creo que en este viaje la sorprendida fue ella de todo lo que vio, aún más que nosotros.

Una vez en Csenger, llamamos a la puerta y la historia se repetía, allí estaban Sandra y Sofía, con una sonrisa mayor aún si cabe. Me sorprendió gratamente que no le dieran importancia al hecho de que Aniko no estuviera con nosotros y que fuera Sofí nuestra acompañante. Ese día repetimos parte de la rutina, por lo que empezamos con juegos en la habitación de Sandra, la confianza se estaba instalando entre nosotros por momentos y, aunque no éramos capaces de comunicarnos con el lenguaje, sí lo hacíamos mediante los juegos, el contacto, las miradas, los lazos entre los cuatro se estaban empezando construir.

Durante esa mañana Viola sugirió que podíamos dar un pequeño paseo en coche, para ver qué tal reaccionaban las niñas ante el coche y sobre todo si éramos nosotros los que lo conducíamos. Lo preparamos todo y salimos hacia el coche, ellas miraron un poco extrañadas de lo que estábamos haciendo, pero no solo no pusieron pega sino que les gustó el tema y se lo tomaron como un juego más que les ofrecíamos dentro del repertorio. Nos acercamos al mismo parque en el que habíamos estado el día anterior, en nuestro coche solos los cuatro y Sofí y Viola detrás en su coche. Llegamos al parque y paseamos un rato, jugamos un poco al fútbol, hasta que Sandra dijo que ya estaba bien y que ahora tocaba columpio. Sentadas en los columpios mientras se balanceaban empezaron a recitar una cantinela que decía *"Inta Palinta, Inta Palinta"*, que según nos tradujeron quiere decir "columpia columpia". Me hizo mucha gracia el tema y lo recuerdo con mucho cariño, pues lejos de su casa, de su refugio estaban cantando y demostrando su alegría y era como consecuencia de nuestra presencia y de nuestras atenciones.

El rato de parque se agotó y, cuando empezaron a atisbarse los primeros síntomas de cansancio, de vuelta al coche y para su casa. De nuevo entraron en el coche con confianza y sonriendo, habíamos dado un paso más para la independencia.

Otra vez todo estaba pensado y organizado por parte de Viola, el viaje en coche tenía un sentido y un objetivo, al día siguiente teníamos que acudir a Matesalka a ver al Juez de nuevo, o por lo menos eso es lo que yo entendí, y digo entendí pues con Sofí nos encontramos con un pequeño problema que con Aniko no habíamos tenido y es que ella entendía lo que le decían pero luego nos traducía la mitad o lo que a ella le parecía y, como consecuencia, nosotros nos enterábamos de la mitad de lo que se decía. La falta de costumbre que Sofí tenía en este trabajo le hacía pensar que con saber ella lo que pasaba era suficiente y no se daba cuenta de que, entre otras cosas, estaba allí para traducirnos y ayudarnos a comunicarnos con las niñas y con el resto del personal. Pero bueno, lo que yo tenía claro es que al día siguiente tendríamos que coger a las niñas y junto a Sofí iríamos a ver a la jueza, la verdad es que no me preocupaba, todo está rodando tan bien que seguro que la jueza lo notaría y nos apoyaría.

El paseo que habíamos dado con el coche era relativamente pequeño, por lo que enseguida estábamos de nuevo en la casa. Era la hora de comer y ese día Kati nos había preparado una ENORME bandeja de filetes de pollo empanados (una de mis comidas favoritas), de nuevo nos dejaron solos a los cinco en la mesa y ese día sí que comí, qué delicia, qué hambre y qué ricos estaban aquellos filetes. Según nos explicó Sofí, aquellos filetes se comían con la mano y así lo hicimos. Sandra y Sofía comieron también pero muy poco, o por lo menos yo lo consideraba poco, creo que se comieron medio filete cada una. Entonces aún no controlábamos lo que es mucho o poco para un niño de 2 o 3 años y todo nos parecía poco.

De postre Palachinta, unas crepes con chocolate amargo que aunque a mí los dulces no me gustan mucho, aquellos me parecían curiosos y bastaba que Kati se hubiera esforzado tanto en prepararnos esa deliciosa comida, que no me quedó más remedio que probarlo. Un día más aquella familia estaba poniendo todo de su parte para que nos encontrásemos a gusto, en cierto modo, me abrumaba su amabilidad, su predisposición a pesar de lo mal que seguro lo estaban pasando.

A la vez se notaba que ellos estaban felices, pues sabían y estaban comprobando que las niñas que habían criado, crecerían en las mejores manos que podían haber soñado y eso dentro del dolor que sentían les tranquilizaba y lo querían agradecer.

Después de la comida, las niñas a la siesta y nosotros al Schuster a tomar café y a dar un paseo por Csenger. Una horita de paseo y de nuevo a disfrutar de nuestras enanas. Esa tarde llevé el ordenador en el que teníamos muchas fotos de España, de nuestra casa, de la familia..., y por la tarde se las enseñamos a Kati y a Josef. Miraban todo aquello con alegría, eran más datos que les hacían ver lo bien que Sandra y Sofí vivirían a partir de ese momento.

Al final de la tarde, llegó la hora del baño y de nuevo nos dispusimos para cumplir con la tarea, algún pequeño llanto con el secador, pero todo mucho más relajado y con naturalidad que el día anterior. Tras el baño, biberón de cacao y se acercaba el momento más complicado por lo que habíamos comprobado el día anterior, acostar a Sofía. De nuevo acostar a Sandra fue la tarea más fácil del mundo, un par de minutos con ella en su habitación y enseguida cerró los ojos y se arropó para quedarse dormida en cuestión de segundos, mientras de fondo se escuchaba a Sofía llorar desconsoladamente y llamar a Kati a voces mientras Lali la intentaba consolar. Me contó Lali que hubo un momento en que realmente se sintió sin fuerzas para callarla y se la ofreció a Kati para que la calmase, a lo que Kati respondió con un *"no, tienes que ser tú"*, una decisión más que tuvo que resultar durísima para ella, pero que demostraba que estaban muy bien aleccionados de cómo hacer las cosas para facilitarnos el lazo entre nosotros y las niñas. Al final, quien sí se ofreció fui yo, cogí a Sofía y me senté en la habitación donde dormía, para intentar relajarla, parecía que se callaba y, de repente, empezó a llorar de nuevo. Acudió Lali y ahora sí parecía que con ella se calmaba definitivamente, había pasado por lo menos media hora, pero lo habíamos conseguido y Sofía estaba dormida.

De nuevo emprendimos el viaje hacia Nyíregyháza, pensando en la visita que el día siguiente teníamos con la jueza. Cenita ligera y a dormir.

22 de Febrero

Día Clave, era la segunda vista ante la juez, esta vez con las niñas y acompañados de Sofí que nunca había estado en una vista con las demás familias ante un juez.

De camino hacia Csenger, comentamos que podíamos aprovechar el viaje a Matesalka y comprar algo de ropa para Sandra y Sofía, teníamos que prepararnos pues quedaban pocos días para que nos fuéramos a vivir juntos y parecía que andaban más bien escasas de ropa y calzado.

Una vez en Csenger y, sin quitarnos los abrigos, recogimos a Sandra y Sofía y nos montamos en el coche. Ese día el viaje iba a ser algo más largo y distinto al pequeño paseo del día anterior por el parque y teníamos la incertidumbre de cómo reaccionarían las nenas. Desde un primer momento todo fue muy bien, no pusieron ninguna pega para montar en el coche y, con unas cuantas canciones de Rosa león y algunas de Cantajuegos, pasamos un divertido viaje hasta el juzgado de Matesalka. Cuando me decidí a aparcar, Sofí me preguntó, *"¿sabes bien dónde vamos?"*, a lo que yo le contesté: *"pues claro, ya hemos estado aquí antes"*. Cogimos a las niñas en brazos y nos dirigimos directamente a la puerta del despacho de la juez. Llamé a la puerta y cuando salió le di pie a Sofí, *"dile que ya estamos aquí"* y recuerdo la cara de la juez y de Sofí mirándome con asombro. Sofí me dice que no sabe muy bien qué hacemos aquí, ni quién es esa señora, y yo le respondo: *"¿pero no veníamos hoy a Matesalka porque teníamos que ver al juez?"*. Sofí le traduce a la juez y ambas sonríen y siguen hablando entre ellas, mientras Sandra y Sofía nos abrazaban y se agarraban a nosotros como si estuvieran demostrando que nos querían mucho y que todo estaba funcionando de lujo. Sofí nos mira y nos dice: *"el plan era venir hoy a Matesalka para dar un paseo largo con el coche y pasear con las niñas solos, lejos de Csenger"* y añade: *"No obstante la juez dice que se alegra mucho de veros y que se nota que las niñas están muy felices con vosotros, que le da mucha alegría ver lo bien que esta marchado todo"*. Imaginaros cómo nos pusimos de colorados, pedimos disculpas, pero la jueza nos sonrió y nos deseó un buen día de compras. Nada más salir de allí, le pregunté a Sofí que cómo nos podía pasar eso, que yo tenía claro que nos habían dicho que veníamos a ver al juez y ella me decía que no, que solo se había hablado de pasar el día en Matesalka y que lo del juez me lo había imaginado yo. A partir de ese momento me aseguré siempre de que Sofí me tradujese todo lo que se decía y además contrastar lo que yo había entendido.

No obstante, este capítulo creo que tuvo mucho que ver con lo que días después pasó cuando tuvimos la vista definitiva con el juez y estoy seguro de que nos ayudó a acelerar el proceso. Aquella juez había visto a unas niñas abrazadas a sus padres y buscando protección en ellos (nosotros) como si llevasen juntos mucho más de cuatro días.

Tras la aventura del juzgado, nos dirigimos a TESCO (Centro comercial tipo Carrefour), donde comenzamos con el aprovisionamiento de ropa y, además, corrimos un poco con los carros por los pasillos del centro comercial, arrancando sonrisas y carcajadas de las dos enanas que se lo pasaban en grande. Compramos camisetas, pantalones, gorros, guantes, albornoz para el baño... También ese día adquirimos, a nombre de Sofí, un teléfono móvil para poder contactar con ella o Anikó a precio local y, de paso, para poder estar localizados por si alguien desde España tenía que localizarnos.

Tras la aventura de TESCO nos dirigimos a buscar un sitio para comer. Encontramos un restaurante donde parecía que a buen precio podríamos comer a gusto. Era una mesa con dos bancos corridos a lo largo, Sofí nos intento ayudar un poco, pero era la primera vez que comíamos solos con las niñas y no sabíamos qué pedir, Sofí tampoco era de gran ayuda, no nos sabía explicar del todo bien lo que ponía en los platos de la carta, así que decidimos tirar por la calle del medio y pedimos para las niñas dos platos de espaguetis con tomate y de segundo filetes de pollo, seguro que una u otra cosa comerían. Con las tres primeras cucharadas de los espaguetis ya estaban hartas y nosotros insistíamos y las animábamos a comer más hasta que de repente Sandra arranca a llorar. Estaba claro que la estábamos agobiando con nuestra insistencia y la situación se tornaba tensa por momentos, a nosotros estaba claro que la niña no nos entendía y Sofí parecía estar empanada y no sabía ni qué decir. Así que como todos más o menos habíamos comido, la cuenta por favor y vámonos a la calle, que a Sandra no hay quien la consuele. Una vez salimos del restaurante y Sandra vio que no era obligatorio comer más, se calmó y en unos minutos se había relajado. Aquel fue el primer encontronazo con la comida que pasamos en Hungría, tras ese, algún capítulo más que ya os cuento más adelante.

Eran como las dos de la tarde, llevábamos ya unas cuantas horas solos fuera de su entorno y consideramos oportuno regresar a Csenger, no queríamos agobiar en exceso a las niñas y estaba claro que tanta emoción nos cansaba mucho a todos y necesitábamos relajarnos.

Antes de regresar a su casa, teníamos que pasar por el Hotel Schuster para reservar una habitación, pues en él dormiríamos los dos próximos días. Decidimos tomar un café y así las nenas conocerían el hotel donde pasaríamos la primera noche juntos dentro de un par de días. Una vez en la cafetería del hotel, jugamos un rato con los muñecos de un par de huevos Kinder y tras el café nos marchamos a la casa de acogida.

El día había sido muy intenso y todo el mundo nos esperaba para que les contásemos como nos había ido. Aparte de la anécdota de la jueza, con la que se rieron un rato, todos se mostraron muy contentos de cómo había transcurrido todo. El baño de esa tarde fue muy agradable, no hubo ningún llanto y a la hora de irse a la cama todo fue mucho más sencillo que en los días anteriores.

El resto del día como los anteriores, viaje a Nyíregyháza, paseo por un centro comercial, cena y a la camita.

23 de Febrero

Ya era el quinto día que pasaríamos juntos y, como cada mañana, viaje en dirección Csenger. Una vez más cuando se abrió la puerta de aquella casa y encontramos a nuestras niñas se notó en el ambiente la alegría de volver a vernos, las ganas de volver a compartir un día de juegos e ilusiones con nosotros, estaba claro que la rutina de las visitas estaba funcionado y nuestra presencia era ya una parte cotidiana de sus nuevos días.

Esa mañana, después de pasar un rato con ellas en la casa, Viola propuso el plan para ese día; en primer lugar, salir juntos a dar un paseo por Csenger, luego dejarnos solos con ellas a comer en el hotel, además incorporaríamos las siesta en la habitación del hotel, y ya por la tarde regreso a la casa de acogida. Eran nuevas actividades a realizar juntos y solos.

El paseo fue muy agradable, paseamos por el centro de la ciudad, compramos algún accesorio para el baño de las niñas, entramos en una tienda para comprar algunas cosas que nos podían hacer falta en la habitación del hotel y les compramos las primeras chucherías. Recuerdo que Sandra se quedó prendada con una bolsa de patatas, parecía que le daba vergüenza pedirla pero en su cara se reflejaba el "jo, qué ricas tiene que estar, cómo me gustaría tener una". Yo miré a Viola, como pidiendo permiso para poder comprarle las patatas y ella me dijo: *"tú sabrás, haz lo que quieras, son tus hijas, actúa con ellas con naturalidad"*. Así que compramos dos bolsas de patatas, qué ilusión nos hizo poder darles su primer capricho.

Durante el paseo cruzamos la estación de autobuses, íbamos por la acera, Sandra iba con Lali y Sofía de mi mano. De repente, un autobús gira en una pequeña isleta y se dirige de frente hacia nosotros, pero girando de manera que seguiría por la carretera. Para cualquier persona habituada a andar por la calle aquello no suponía ningún peligro ni riesgo, pero Sofía que vio como aquella cosa tan grande nos encaraba, se agarró fuerte a mí y empezó a llorar con un claro ataque de pánico. La pobre creía que el autobús nos atropellaría y estaba realmente asustada, la cogí en brazos y la tranquilicé, en seguida pasó el autobús y comprobó que no pasaba nada. Entonces, con los ojos llenos de lagrimas, sonrió y respiro, *"bus, bus"* repetía ella.

A pocos metros se encontraba el colegio y el instituto, paseamos por el patio de estos, todo estaba muy tranquilo, con mucho orden, grupos de niños sentados en las aceras jugaban y hablaban y yo pensaba que eso mismo harían Sandra y Sofía en unos pocos meses, en su nuevo cole de Cerceda.

Continuamos con el paseo, pero como Csenger es un pueblo relativamente pequeño y todo se encuentra muy cerca del centro de la ciudad, en un par de horas lo habíamos visto todo y se acercaba la hora de la comida, por lo que nos dirigimos directamente al hotel. Allí Viola y Sofí se marcharon y quedamos en vernos en la recepción del hotel, después de la siesta.

Aquella comida fue más relajada y mucho más divertida que la del día anterior, estábamos en un lugar que ya habíamos visitado juntos y ellas se sentían a gusto. Pedimos la comida y, mientras el camarero tomaba nota y marchaba la comanda, ellas pidieron permiso para levantarse, las dejamos para ver qué hacían. Se pusieron a jugar, a esconderse entre las mesas y a hacernos numeritos para que nos riéramos, en esta ocasión eran ellas las que intentaban provocar nuestras risas y entretenernos, imitando a los soldados, dándonos sustos desde las esquinas, cualquiera que nos hubiera visto se habría dado cuenta de la ilusión que aquella actitud nos estaba haciendo. Llegó la comida y la verdad es que no se prodigaran mucho, pero algo comieron y, entre un poco de pollo empanado y un poco de Capitán Blue (Pescado empanado), nos dimos por satisfechos todos y terminamos la comida igual que la habíamos empezado, jugando y desfilando ante nosotros, qué bien nos lo estábamos pasando y cómo empezábamos a entendernos.

Tras la comida, subimos a la habitación donde se suponía nos echaríamos una siesta. Y siesta, lo que se dice siesta no hubo, pero sí juegos y risas, ningún contratiempo y nada que hiciera pensar que las niñas estaban incómodas o intranquilas sino todo lo contrario. Esa misma tarde, les empezamos a regalar algo de ropa que habíamos comprado para ellas y recuerdo la cara de Sandra cuando vio su mini falda vaquera. Se notó que aquello era para ella algo especial, sus ojos derrochaban emoción y gratitud y, cuando se la puso, y se miró al espejo solo le faltó decir: "madre mía, qué guapa estoy, verás cuando me vean". A Sofía lo que más le llamó la atención, además de la ropa, fueron los accesorios para el pelo: horquillas, gomas, diademas…, de hecho con la ayuda de Lali se sembró la cabeza de todo lo que pillaba. Su ilusión era ponérselo todo, como si solo pudiera tener o se fuera a quedar para ella con lo que en aquel momento utilizara, la imagen era súper divertida. Aquella tarde también pasamos un maravilloso rato juntos que culminamos jugando con el lego que les habíamos regalado.

Se acercaba la hora de regresar a la casa de acogida y decidimos salir a dar un paseo solos por Csenger y, aunque ya era de noche, no hubo tampoco ningún tipo de problema por su parte. Un par de fotos y a la hora acordada, de vuelta a casa de Kati y Josef. Imaginábamos que todo el mundo estaría expectante para comprobar cómo nos había ido el día. Una vez allí, recuerdo los comentarios de Kati: *"Pero Sandra, qué linda estás, si pareces otra, qué guapa" "Y Sofía qué horquillas tan bonitas"*.

Una vez le contamos a Sofí como había trascurrido la tarde y les tradujo, las caras de Viola y Kati tornaron una gran sonrisa y se miraron entre ellos. Las miradas decían "estos chicos están preparados". Como de costumbre, baño, biberón y a la cama, no sin antes comentar con las niñas el plan del siguiente día que incluía una visita al Zoo de Nyíregyháza y, aunque no lo cometamos con ellas, también sería la primera noche que pasaríamos juntos en el hotel.

Ese día por suerte ya no teníamos que viajar a Nyíregyháza, pasaríamos la noche en el Schuster, podríamos descansar y relajarnos algo más, pues los días anteriores entre viajes y emociones habían sido agotadores. Cenamos con Sofí en el hotel y tras la cena paseamos un rato, luego todo el mundo a la habitación y a consumir lo antes posible las horas que faltaban para el día siguiente, día que también estaría lleno de emociones y nuevos retos para todos.

24 de Febrero

Tras el desayuno, nos dirigimos a recoger a las niñas, el día prometía ser intenso y como ya habíamos levantado expectativas el día anterior comentado la vista al Zoo, esperábamos encontrarnos a las niñas con ganas de salir de viaje. Al igual que en los días anteriores, nos surgía la duda de cómo reaccionarán cuando vean que nos vamos en coche. Duda que se despejó de inmediato. No habíamos casi ni llamado a la puerta cuando aparecieron las dos con los abrigos casi puestos y, sonriendo, nos agarraban de la mano para dirigirnos al coche. Comentamos sobre la marcha con Viola y Kati como teníamos pensado organizar el día, recogimos unas bolsa con una muda para las niñas y sin mucho preámbulo partimos camino de Nyíregyháza. Comenzaba un día que no terminaría como los demás en la casa de acogida, sino en el hotel donde los cuatro pasaríamos la primera noche juntos.

El viaje fue muy divertido, de nuevo el disco de Rosa León y los Cantajuegos de compañía musical. Ellas empezaron a soltar palabras sueltas y a reírse mientas nosotros le pedíamos a Sofí que nos lo tradujera, cosa que no era fácil ni para Sofí. Según transcurría el viaje pudimos comprobar cómo poco a poco las niñas no solo se sentían a gusto y seguras, también empezaban a mostrarse parte activa de la situación y probaban hasta donde podían tomar de cierta forma el mando. De repente, empezaron a repetir con insistencia una palabra que por supuesto nosotros no entendíamos y que en un principio Sofí tampoco, era algo así como bomba, lo repetían y repetían, bomba, bomba y a la vez ponían mala cara. Estaban pidiendo algo y no se lo estábamos dando, tras varios intentos Sofí por fin comprendió lo que estaban pidiendo: Bolba (tienda en húngaro), su palabra era tienda, querían ir a comprar alguna chuchería a la tienda. Entre risas, Sofí les explicó que no podíamos parar y les recordó que íbamos camino del Zoo donde veríamos muchos animales. Enseguida se hizo la calma y la música de nuevo amenizaba el viaje.

Llevábamos unos 45 minutos cuando surgió el primer *"Pisen, Pisen"* (me hago pis) y, como imagino que cualquiera habría hecho, cuando pude me aparté de la carretera y Lali salió con Sofía, que fue quien lo pidió. Tras la parada y cubiertas las necesidades fisiológicas, continuamos camino del Zoo.

Una Vez en Nyíregyháza, acordamos con Sofí que al Zoo entraríamos solos, que ella, que ya no viajaría a Csenger con nosotros esa noche, podía marcharse y si la necesitábamos la localizaríamos en el móvil, de modo que así lo hicimos. Sofí nos acompañó hasta conseguir los pases y luego se marchó.

La primera impresión de aquel Zoo fue un poco extraña, no se parecía en nada al Zoo de Madrid. Aquel Zoo estaba inmerso en un bosque de Hayas y Abedules que por la fechas en las nos encontrábamos no tenían ni una sola hoja, los colores eran muy grises, el día también estaba nublado y todo daba la sensación de estar algo viejo y poco cuidado, pero la verdad es que eso no era lo importante. Ese día el Zoo era una actividad más que tenía como objetivo consolidar nuestra relación y comprobar si nuestros lazos se estaban empezando a forjar, por lo que el aspecto del Zoo fue una pura anécdota y lo importante era cómo trascurrió el día.

El día anterior habíamos comprado algunas cosas para tomar a media mañana y, tras un paseo y haber visto la zona de las aves y los monos, preguntamos si había hambre, a lo que respondieron que sí. Sacamos unas galletas, unas salchichas de Frankfurt y otras tipo chorizos y les ofrecimos todo aquello en plan Buffet. Sofía se decantó primero por las galletas y luego por las Frankfurt, pero Sandra se decantó desde un primer momento por el chorizo, no sé si lo había probado antes, pero lo que estaba claro es que el chorizo le gustaba y mucho, "Fion, Fion" (rico rico) decía mientras se ponía morada de chori. Una vez terminamos con el picnic, a continuar con el recorrido. A favor del Zoo, decir que no había prácticamente nadie, parecía que lo habían abierto para nosotros y aquello nos permitía ir tranquilos y que las niñas corrieran e hicieran un poco lo que quisieran sin correr peligro alguno.

Nos acercábamos a la zona de los animales acuáticos, cuando de repente Sandra nos mira con cara de circunstancias y dice algo así como: *"pis, pis"*. Como había poca gente y aquello era todo prácticamente campo y bosque, lo primero que le ofrecí fue acercarnos a un lado y hacerlo allí, todo esto por gestos pues el idioma aún era una barrera, pero ella decía que no y repetía: "pis, pis", por lo que la cogí en brazos y siguiendo los indicadores corrimos hacia los servicios. Sandra nos miraba con cara de asombro, pero seguía repitiendo: "pis, pis", por lo que cada vez corríamos más, *"pobrecita"* *"¿desde cuándo se estará aguantando?"*, hasta que por fin llegamos a los servicios, entramos deprisa y Sandra, con cara de enfado y desesperación, nos miró y nos repitió de nuevo la misma palabra, pero esta vez vocalizando y haciendo un gesto de llevarse algo a la boca; *"vis, vis"* (viz, agua en húngaro). Sandra nos estaba pidiendo agua, y nosotros ofreciéndole un árbol o unos baños. Tras aclarar el mal entendido, unas risas por parte de todos y tras conseguir agua para Sandrita, continuamos con el recorrido.

La mañana había dado de sí, habíamos jugado en las calles del Zoo, habíamos visto muchos animales, nos habíamos reído, y todo sin un solo problema o contratiempo. Era la hora de cambiar de actividad y buscar algún sitio donde comer. Se nos ocurrió acercarnos a un centro comercial que habíamos conocido esa semana durante nuestra estancia en Nyíregyháza, de paso podríamos realizar algunas compras que íbamos a necesitar.

Una vez en el centro comercial nos acercamos a la zona de restaurantes. En Hungría las zonas de comida en los centros comerciales cambian un poco de formato con respecto a lo que nosotros estamos acostumbrados. Existe como aquí una zona destinada a ello, pero los locales son todos mostradores de cara a una zona común, donde todos los Restaurantes comparten las mesas, ningún local tiene una zona propia ni interior, ni exterior, es muy parecido a un mercado tradicional español, pero en vez de fruterías o pescaderías los puestos son de comida. Hay todo tipo de comida: Burger, Pizza, comida elaborada; puedes comerte un filete de pollo empanado, un plato de arroz, una verduras...

Pues ese día nos plantamos en una zona de estas. Lo primero era elegir la comida, así que niñas en brazos y a mirar. La verdad es que si no estás acostumbrado, da un poco de apuro pasarte por todos los mostradores mirando el producto, mientras desde dentro te miran y sonríen, pero a su vez te lo hacen cómodo, pues nadie se dirige a ti hasta que no decides qué pedir. En eso estábamos, en elegir la comida. Un paseo por todos los mostradores y nada, nada de aquello despertó el más mínimo instinto de comer de las enanas, por lo que al final tuvimos que elegir por ellas y fuimos a lo que creíamos no tendría rechazo, filete de pollo empanado. Tras un rato de contemplación sobre los filetes y algún gesto de "no me obligues a comer que no tengo hambre", yo me comí lo mío y lo de ellas y ellas terminaron con un batido y pidiendo un bolso del quiosco que había junto a la zona de comidas, por supuesto, salieron con su bolsito cada una.

En aquel centro comercial había una zona de juegos controlada (un parque de bolas) y claro, allí las llevamos. Mientras ellas jugaban, nosotros no perdíamos ojo y las animábamos a subir y bajar por los laberintos, pero al contrario que el resto de niños que allí jugaban, ellas se dedicaban a hacer todo con mucho cuidado, muy despacio y huyendo de las aglomeraciones en los toboganes o las cuerdas. Las dos terminaron montadas en unos coches de pedales que se encontraban fuera del laberinto, donde ellas se sentían seguras y sabían que no corrían riesgos, era patente que no estaban a acostumbradas a las aglomeraciones, al jaleo y al contacto con otros niños a la hora de jugar o reclamar su sitio.

Tras aquellos juegos, realizamos las primeras compras de ropa juntos, compramos pantalones, camisetas, zapatillas de deporte, gorras...

La tarde en Nyíregyháza daba a su fin y aun teníamos un viaje de 100 Km por delante hasta Csenger. Cogimos el coche y no habían trascurrido 10 minutos cuando las dos princesas se habían quedado dormidas, el día estaba siendo perfecto, ahora solo quedaba comprobar cómo encajaban la cuestión de dormir con nosotros en el hotel.

Una vez en Csenger, nos encontramos con Aniko que acababa de llegar al hotel. Su viaje había terminado y sería ella la que nos acompañaría durante los dos próximos días. Las niñas se despertaron sin problemas, con toda la naturalidad del mundo subimos a las habitaciones y tras descargar los bultos nos bajamos a cenar, nada parecía extrañarlas y Aniko que estaba mucho más acostumbrada que Sofí a tratar con los niños, les preguntaba cosas, intentaba conversar con ellas, pero solo se miraban y se reían cada vez que Aniko les decía algo.

La cena fue tranquila y durante la misma cometamos las posibilidades que teníamos para hacer al día siguiente. Nos esperaba un día sin programa y pasaríamos el día juntos los cinco haciendo lo que más nos apeteciera. Aniko se ofreció a enseñarnos la provincia y hacer un poco de turismo por la zona, a lo que accedimos encantados.

Una vez terminamos de cenar subimos a las habitaciones. Aniko pasó un rato con nosotros en la habitación, por si necesitábamos algo, pero al ver cómo nos desenvolvíamos juntos, se despidió y quedamos por la mañana para desayunar. Ya solos, les explicamos que había llegado la hora de la ducha, a la que no pusieron pegas y tras la ducha el pijama. La habitación era tipo dúplex, la cama grande estaba en la parte de arriba y abajo lo que había era un sofá cama que estaba cerrado y que había que abrir. Hasta ese momento todos estábamos tranquilos y relajados, pero cuando llegó la hora de abrir el sofá, la cosa se empezó a poner un poco tensa. Fue cuando Sofía percibió la realidad del momento y no parecía seducirle mucho la situación. Para relajar el tema pusimos la tele y les indicamos que si no querían no había que acostarse, que no era obligatorio, ellas las pobres no sabían qué hacer, estaban cansadas, muy cansadas, no querían acostarse solas, pero tampoco querían que nos acostásemos con ellas en la cama. Al final, poco a poco, sin presiones y haciendo todo con mucho cuidado y calma la situación se fue normalizando, el cansancio fue nuestro aliado y conseguimos encontrar la composición ideal: ellas en la cama, Lali sentada en el suelo y medio cuerpo tumbado en la cama junto a ellas y yo a los pies de la cama (parece ser que en aquel momento el que no era muy de fiar era yo). Así en cuestión de minutos se fue instalando la paz y el silencio y acabaron dormidas como angelitos. Me senté en la escalera que subía a la parte de arriba de la habitación desde la que se contemplaba perfectamente la estampa y no podía dejar de mirarlas, era la imagen de un sueño que se estaba empezando a cumplir.

Durante la noche, un par de llantos que se calmaban de inmediato con la visita de Lali y así trascurrió la primera noche juntos.

Día 25 de febrero

El despertar fue mucho más relajado que el acostarse, cuando abrieron los ojos y se descubrieron en aquella cama, creo que ellas mismas se alegraron de haberlo conseguido y sintieron que aquello había estado muy bien.

En aquella cama se estaba calentito, la ropa era suave, blandita y, además, nosotros estábamos allí.

Una de las cosas que en aquel momento más ilusión les hacía era vestirse. Aquella ropa nueva para ellas era muy especial, creo que no solo por lo bonita que era, también estaba empezando a influir el hecho de que éramos nosotros los que se la ofrecíamos y poníamos.

Llegó la hora del desayuno, cada vez nos entendíamos mejor. Con toda normalidad, nosotros ofrecíamos opciones y ellas elegían sin miedo, siempre se miraban y tras sus miradas de complicidad procedían a elegir sus preferencias, bollos, cacao...

El plan para el día era visitar la provincia acompañados de Aniko y, tras el desayuno así lo hicimos. Salimos de Csenger camino de Matesalka. Una vez allí, nos recordó que era donde habían nacido Sandra y Sofía, pero que aquella ciudad tenía poco que ver, como ya os he comentado es una ciudad muy industrial y sin mucho interés turístico.

De allí, nos dirigimos hacia los pueblos de veraneo cercanos e influenciados por el río Tizsa. Aún siendo finales de invierno, no hacía mucho frio y pudimos disfrutar de algunos paseos por los pueblos de la zona, visitamos un lugar con una característica muy curiosa o cuanto menos poco habitual para nuestro entender. Era una especie de pequeño pueblo o urbanización llamado Jand, allí junto a las orillas de río se levantaba una ciudad de vacaciones, que en aquella época estaba totalmente desierta: sus bloques, sus restaurantes, sus locales de ocio, todo estaba vacío, pero no era esto lo único curioso. También nos extrañó el tipo de construcción y de adaptación al medio de aquella "ciudad". Los pisos no tenían planta baja, ésta estaba ocupada por los cimientos al aire y unas rejas que los protegian. La explicación a este tipo de construcción es que en ciertas épocas del año el río se desborda e inunda todas las zonas bajas de estas casas, por lo que durante esta época no reside allí la gente y, además, gracias a su arquitectura sus apartamentos están protegidos del agua. La sensación era de estar paseando por un pueblo fantasma, pero cuidado, y a la espera de que sus habitantes vinieran a ocuparlo y darle vida.

A continuación y siguiendo las indicaciones de Aniko, seguimos la ruta en coche por aquellos pueblos, nos dirigimos a visitar un antiguo y muy bonito Molino de agua, por cuyos alrededores también paseamos un rato. En aquellos paseos, Sandra y Sofía empezaron a reclamar más atención y a la vez a demostrarnos que la confianza estaba sentando sus cimientos de forma constante y continua, insistentemente pedían que las cogiéramos en brazos, cosa que por supuesto hacíamos encantados.

Tras la visita al molino y ya un poco agotadas las Princesas, decidimos retornar al hotel, pasaríamos juntos la última noche en Csenger, al día siguiente con las maletas partiríamos hacia Matesalka, allí se celebraría la segunda vista del Juicio.

Una vez en el hotel, descansamos un rato y bajamos a cenar. Durante la cena Anikó nos explicó cuál sería el programa del siguiente día.

Después de la cena, con ganas de descansar y pensando en los próximos acontecimientos, nos dirigimos a la habitación, esa sería la segunda noche que pasaríamos juntos y esperábamos que por lo menos la cosa fuera como la noche anterior. Ya arriba, un poco de televisión y con juegos y risas llegó el momento del pijama. Esa noche ellas lo pusieron mucho más fácil de lo esperado y una vez disfrazados todos de traje de cama, comunicamos que era la hora de acostarse. Sandra lo entendió y no puso pegas, pero a Sofía no terminaba de hacerle mucha gracia lo de tener que acostarse. Lali se ofreció para acostarse junto a ellas y entonces la cosa cambió, junto a Lali accedió a acostarse y en unos minutos las princesas dormían a pierna suelta.

26 de Febrero.

La noche había sido perfecta, todos habíamos dormido o descansado por lo menos sin ningún sobresalto y comenzaba un nuevo día de cambios y retos que seguir superando.

Aquel sería el último día de su estancia en Csenger y teníamos que asistir todos juntos a un nuevo juicio en Matesalka, donde la juez dictaría la autorización de convivencia.

Después de desayunar teníamos que acercar a Sandra y Sofía a la casa de la familia de acogida, donde las dejaríamos un par de horas para que todos se despidieran de ellas. Estaba prevista la visita de toda la familia y, si todo iba bien, en principio sería la última vez que ellos estarían juntos, por lo que el momento podía ser muy emocionante para todos. Durante estas dos horas, nosotros paseamos con Anikó por Csenger y realizamos algunas compras.

Uno de nuestros deseos era hacerles un regalo a la familia de acogida y decidimos comprarles un juego de café. En la misma tienda donde compramos el juego de café, había un expositor de tarjetas de regalo, muy parecidas a las que utilizamos aquí para felicitaciones, dedicatorias... y sobre las que vienen frases ya escritas. Anikó nos tradujo algunas de ellas y había una que en especial nos llamó la atención a todos por el contenido y lo apropiado del mismo para la ocasión. Decía algo así como "estemos o no estemos juntos, el cariño de una madre deja huella para siempre" y Kati durante los últimos años había ejercido de madre para nuestras princesas y sabíamos que para ella podía ser uno de los días más difíciles y a su vez más bonitos por todo lo que estaba sucediendo. Junto al juego de café, pedimos que nos envolvieran aquella tarjeta.

Trascurridas las dos horas nos dirigimos hacia la casa, la verdad es que nosotros estábamos muy nerviosos y desconocíamos cuál sería la reacción de las niñas si se daban cuenta de lo que estaba sucediendo. Por mi cabeza no dejaba de rondar la duda de qué pasará cuando nos vayamos juntos con las maletas hacia el coche. Hasta ese momento todo había trascurrido de la forma soñada y no queríamos que se torcieran las cosas. Una vez allí y casi tan nerviosos como el primer día entramos en la casa. Todos estaban en la cocina esperándonos, para arroparlos, también estaba Viola (la consejera de la familia) y Katalin (la directora de la oficina del menor) junto a la gente de su equipo. Desde allí, todos juntos nos dirigiríamos a los Juzgados de Matesalka. La familia nos pidió que nos hiciéramos una foto junto con ellos, nos hicimos las fotos, el ambiente era de fiesta y a la vez de pena, pero hasta el último momento Kati supo estar en su papel y ni una lágrima, ni un gesto que les hiciera pensar a Sandra y Sofía que algo raro pasaba allí. No quiero ni pensar qué podría haber sucedidos si Kati rompe a llorar, abraza sollozando a las niñas…, seguro que el resultado de la despedida y quién sabe si del encaje de los primeros días habría tenido unos tintes totalmente distintos a los que al final fueron.

Había llegado la hora, les entregamos nuestro regalo y les repetimos lo agradecidos que les estaríamos siempre por lo que habían hecho con nuestras niñas. Tras una calurosa y afectiva despedida, les dimos la mano a las niñas y nos dirigimos al coche, guardamos la maleta, las sentamos en las sillas y cogimos rumbo hacia Matesalka. Ellas con una enorme sonrisa y felices se despedían con la mano de la que hasta ese día había sido su familia de acogida. Para todos fue un momento de gran emoción.

Aún hoy no puedo dejar de pensar en esa mujer. Ella ha tenido que vivir uno de los papeles más duros que se pueden tener en estas historias, mientras nos alejábamos y durante los siguientes minutos en mi cabeza se repetían a partes iguales las condolencias que sentía hacia ella, junto con el agradecimiento que le procesaría para siempre. A ella le debemos una parte importante del perfecto desenlace de esta historia. Aquella fue la última vez que vimos a esa familia, pero Kati seguirá siendo una de las personas que casi, sin apenas conocerla, ocupa un lugar privilegiado en mi corazón.

En las siguientes semanas, uno de los días que hable con Aniko le comenté mi sentimiento hacia Kati y su familia, y ella me contó que había hablado con Viola (la consejera de la familia), para darle las gracias por todo lo que habían hecho por nosotros y Viola le confesó a Anikó que, tras nuestra marcha, se vivieron escenas de llantos, mucha pena y mucha tristeza en esa casa. Y que al leer nuestra tarjeta, Kati le comentó a Viola, que no habría soportado un solo día más esa situación, que si dura un poco más se habría derrumbado.

Por eso quiero dedicarle también una parte de esta historia a Kati, la que sin duda fue la mejor mamá de acogida que pudieron tener nuestras Princesas.

Tras la despedida, nos dirigimos todos juntos a Matesalka y, una vez allí, al edificio de los Juzgados donde nos encontraríamos de nuevo con la entrañable señora Magistrada con la que habíamos tenido el encuentro fortuito y tan simpático hacía unos días. Cuando accedimos a su despacho, en su cara se reflejaba que ella también estaba muy satisfecha de cómo estaba trascurriendo esta historia y nosotros ya sabíamos que por su parte tampoco habría impedimentos para que todo esto siguiera su curso. Unas preguntas, unas sonrisas y a firmar los papeles para que pudiéremos viajar con las niñas por el país sin problemas.

Antes de salir de aquel despacho, la Magistrada pidió un calendario para fijar la fecha del último juicio. Según las normas y los cálculos que habíamos hecho junto a Katia en Madrid y también con Aniko allí en Hungría, éste debería de celebrarse aproximadamente entre los días 6 y 10 de Abril. Pero la sorpresa fue cundo la señora magistrada nos comentó que si nos parecía bien el día 20 de marzo. Esto suponía adelantar casi 20 días la fecha oficial, a lo que por supuesto dijimos que sin problemas y así quedó fijado el día de última vista. A la salida todos comentaron su sorpresa por la decisión de la juez, pero también comentaron que era muy sensata y que ya había visto que todo funcionaría a la perfección y estaba actuando con criterio.

Una vez salimos de los juzgados, nos despedimos del equipo de Katalin, nos emplazamos para el día 20 de marzo y junto a Aniko emprendimos camino de la que iba a ser nuestra ciudad de residencia durante el periodo de convivencia: Debrecen.

Debrecen:

En 1848, la capitalidad de Hungría se traspasó de Budapest a Debrecen. El 14 de abril de 1849, los húngaros proclaman en la catedral de Debrecen la caída de los Habsburgo, emperadores de Austria y señores de Hungría, cosa que no llegó a ser así ya que estos gobernantes derrotaron al ejército húngaro.

Hoy Debrecen es la segunda ciudad más importante del país, con una importante universidad.

Primeros días en Debrecen

El piso elegido al final era el que el día 20 nos había enseñado Aniko, nuestros querido amigos (los Gallegos) habían viajado el día anterior hacia España, por lo que había quedado libre y a nuestra disposición.

Una vez en el piso, Anikó nos lo enseñó, y nos explicó lo necesario para poder vivir allí una temporada. También nos dimos una vuelta por la ciudad y me ayudó a orientarme con respecto a las calles, centro de la ciudad, supermercados de la zona...

Después de las pertinentes explicaciones y despedías, Anikó se marchó, nos dejó el teléfono de Sofí, que además vivía allí en Debrecen y sería quien si necesitábamos algo nos atendería en esa ciudad. Y hasta el día 20 de marzo que nos vemos en Matesalka, para la última y definitiva vista.

En ese mismo momento comenzaba nuestra convivencia Juntos y solos, los cuatro solos, con mucho tiempo y cosas que aprender unos de otros.

La primera decisión que tomamos juntos fue el reparto de habitaciones, el piso tenía tres, aunque una de ellas ya sabíamos de antemano que no se usaría, por lo que de las dos restantes la cosa estaba más o menos clara, en una había una cama grande y en la otra dos camas pequeñas.

Nos miramos y nos dimos cuenta de que era posible que eso de dormir en dos habitaciones en un principio podía suponer algún problema. Preguntamos en hungañol (ya no había traducción posible), que si les parecía bien poner un colchón junto al nuestro y así dormiríamos todos juntos en la misma habitación. La respuesta fue inmediata y tajante: Igem, Sí, Igem. Así que allí colocamos el colchón el primer día y allí estuvo durante los siguientes 27 días que son los que convivimos juntos en aquella casa.

Por fin juntos y Solos.

Solo hacía 9 días que nos conocíamos y creo que para todos era como si hubieran pasado meses.

En aquel piso de Debrecen pasé una de las etapas más felices y bonitas de mí vida, el sueño se estaba haciendo realidad, cada día, cuando nos levantábamos descubría que aquello estaba pasando y solo me quedaba mirar a las princesas y a Lali para darle gracias al destino por habernos juntado.

Durante los primeros días nos dedicamos a vivir juntos, a hacer todo muy despacio, con mucha calma, sin prisas por nada, sin atropellos, sin objetivos ni programas, solo nos levantábamos, desayunábamos y pensábamos qué hacer, un paseo, la compra, juegos, siestas… De repente, me encontré con un placer del que hacía mucho tiempo que no disfrutaba, no teníamos que preocuparnos por nada que no fuéramos nosotros mismos y podíamos hacer lo que nos apeteciera y cuando nos apeteciera.

Benditas piscinas

Durante nuestra primera visita a Debrecen, Fernando y Elena (los Gallegos), nos habían comentado que existían unas piscinas climatizadas que estaban muy cerca de allí y que habían pasado algunos días estupendos en ellas. Así que el mismo día 28 de febrero decidimos, después de levantarnos, probar a pasar unas horas, o el día, en aquellas piscinas. ¡¡¡¡Qué maravilla!!!!!!!! Un complejo de aguas termales con atracciones, yacusi, toboganes y todo con aguas entre 30º y 35º. Sandra y Sofía disfrutaban cada minuto, no querían salir del agua (yo tampoco), daba gusto verlas divertirse y reírse, como os podéis imaginar pasamos el día entero y salimos de allí con la certeza de repetir la experiencia.

Aquellas piscinas solo se parecían a lo que conocemos en España como piscina en una cosa y es que cuando llegan los niños a casa, llegan rotos, no aguantaron ni los 10 minutos de coche que había entre el parque acuático y el piso y llegaron dormidas como troncos.

Los días que siguieron fueron caseros y tranquilos. El idioma lo estaban aprendiendo a pasos agigantados, y la comunicación, sin apenas darnos cuenta, era casi perfecta. La confianza era total y pasamos ratos inolvidables.

Operación Triunfo

El jueves día 1 de marzo (solo llevábamos 3 días juntos), Sandra decidió mostrarnos sus dotes artísticas y en lugar de siesta esa tarde tocaba actuación musical y de baile.

De repente, un torbellino de niña salió a escena, canciones que solo ella entendía, bailes modernos y eléctricos, toda una exhibición y una clara muestra de que estaba a gusto, de que confiaba en nosotros y para ella sobre todo una gran descarga de tensiones que seguro había acumulado durante esos días. Nos reímos mucho. Sofía que hasta ese momento había llevado el mando, seguía como podía la actuación de Sandra, se dejaba llevar por su hermana y se apuntaba a las risas y las payasadas para hacernos reír, la tarde fue espectacular en todos los sentidos.

Los días trascurrían y todo se tronaba en normalidad absoluta. Muchas horas de parque y columpios en los que además jugábamos juntos, comíamos pipas y charlábamos con los chavales de aquel barrio (en HugaroInglis), paseos por Debrecen y muchas vistas al súper para hacer la compra casi a diario.

Aquella cena verde

El tema de las comidas durante estos primeros días no estaba resultando muy difícil, aunque sí algo monótono, entre sopas, patatas con chorizo y salchichas se despachaban más de la mitad de las comidas. A esto se iba uniendo algún puré que complicaba un tanto la cosa y muchos filetes de pollo empanados para relajar alguna que otra comida con cierta tensión. No obstante, siempre estaba el recurso de los yogures que remataban más de una cena o comida algo escasa en ganas y gustos.

Desde mi punto de vista, muy subjetivo en aquel entonces, Sandra y Sofía no estaban comiendo ni bien ni sano y decidimos introducir nuevas variantes en el menú por lo que aquella noche cuando llegó la hora de cenar, decidimos hacer puré de verduras. En un principio no fue mal acogido una vez en los platos, pero tras dos o tres cucharadas, los rostros se empezaros a torcer y las cucharas decidieron no hacer su trabajo. Insistimos de muchas y diversas formas en la obligatoriedad de comerse aquel palto de puré, pero entre risas y escaqueos parecía que no estaban dispuestas. De repente no me pude contener y enfadado di un manotazo en la mesa y dije con voz enérgica, *"hay que comer"*, sin rechistar, las dos cogieron la cuchara y casi sin respirar se comieron el plato entero de puré. La verdad es que la cosa se quedo ahí y, con aparente normalidad, todo trascurrió como cualquier otra noche. Llegó la hora de acostarse y tras un par de canciones (del Canta Juegos), se acostaron las princesas. Para nosotros era demasiado pronto, las ocho de la tarde, para irnos a la cama y nos quedábamos charlando, viendo la tele, o leyendo un rato en el sofá. No había pasado media hora cuando se oyen llantos en la habitación y al entrar nos encontramos a Sandra con el plato de puré encima de las sabanas. Enseguida la cogí en brazos para tranquilizarla y mientras Lali trasladaba a Sofía a nuestra cama, yo me dirigía con Sandra al baño para lavarla. Por el camino soltó el resto de puré que le quedaba por echar, me lo depositó entre el hombro y la espalda, no se me olvidará la preocupación y la pena que le entró cuando vio cómo me había puesto. Solo decía: *"Papá mira, papá mira yo, yo"*, *"no pasa nada cariño, no pasa nada"*, le repetí para tranquilizarla. Nos lavamos, nos cambiamos de ropa y nos tumbamos en el sofá juntos para borrar miedos y sentimientos de culpa que parecía que Sandra tenía por lo que había pasado. Una vez dormida volvió a la cama y nosotros al salón donde comentamos lo ocurrido y nos dimos cuenta de que aquella presión en la cena no había servido nada más que para asustarla y conseguir que se comiera algo que después trajo las consecuencias mencionadas. Decidí relajarme con el tema de las comidas y entender que su adaptación a nuestros sabores, comidas y olores no tenía porque ser inmediato, solo yo sé cuánto me arrepiento de aquel manotazo en la mesa, hacía escasas semanas que nos conocíamos y las había gritado y asustado.

De nuevo a la piscina

Pasaron varios días hasta que decidimos salir de la rutina y esta la rompimos con un nuevo día de piscinas "Acuaticum Debrechen Mediterranean", qué bien nos lo pasábamos en aquel sitio. Para ellas era algo totalmente nuevo y, por lo que pudimos ver en las fotos que la familia de acogida nos dio, una piscina de plástico en el patio era todo lo que habían conocido a este respecto. En este segundo día, decidimos probar las aguas termales del exterior, qué sensación estar bañándote en la calle en agua a 32 º mientras la temperatura ambiente ¡!!!!¡apenas subía de los 4 º!!!!!! Eso sí, esto lo tuvimos que hacer por turnos, pues a las niñas no las podíamos sacar a estas piscinas exteriores. En estos baños la gente está charlando, paseando con al agua hasta el cuello y relajándose durante horas. Ya nos lo habían comentado y además lo había leído en varios sitios y libros, pero fue allí donde de verdad comprendí que para los húngaros las piscinas, las aguas termales, los baños, los yacusis forman parte de su cultura y hacen uso de ellos al igual que nosotros paramos a tomar café o un vino tras la jornada de trabajo. Resulta curioso ver llegar a la gente tras su jornada laboral a darse un baño en aguas termales durante media hora y marcharse a casa relajados y tranquilos tras su remojón en agua "medicinal". Nosotros aquellos días los alargábamos lo máximo posible y hasta que no detectábamos síntomas de cansancio no abandonábamos el complejo.

El parque de Bolas y solas

Llegó de nuevo el fin de semana (10 y 11 de marzo). Estos días también fueron tranquilos y relajados, pero introdujimos una variante: nos acercamos a realizar la compra a un nuevo supermercado al que aún no habíamos ido y que nos había recomendado Sofí. Estaba ubicado en un centro comercial, donde además había tiendas de ropa..., y un parque de bolas y laberintos donde los papás dejaban a los peques para realizar la compra tranquilos, nos miramos y decidimos acercarnos al parque para ver qué reacción tenían las peques. Una vez en la puerta del parque nos miraron y les preguntamos si querían estar un rato dentro. También hubo que explicarles que, aunque no nos vieran en un rato, nosotros volveríamos a recogerlas y que las señoras que cuidaban aquello tenían nuestro teléfono. Todo esto en hungañol con las enanas y casi en mimo con las cuidadoras. Las peques accedieron y con aparente normalidad entraron en el recinto de juegos. Nos agazapamos un rato tras unas tiendas y observamos su reacción, y parecía que la cosa no iba mal, así que decidimos dedicar un rato a las compras. Yo pensaba ¿y si se asustan?, ¿y si nos necesitan? ¿Cómo me van a llamar las cuidadoras? y además si me llaman no me voy a enterar de nada. Pero nada de esto sucedió. Compramos y cuando terminamos nos acercamos a recogerlas, y allí estaban jugando tranquilas, cuando nos vieron la sonrisa fue enorme y enseguida se dirigieron a por sus zapatos para calzarse y venir con nosotros. Aquello era un punto más en la construcción de la relación, confiaban en nosotros y sabían que volveríamos a recogerlas sin miedos ni temores.

El cuadrante

Durante la semana anterior habíamos dibujado en una hoja de un cuaderno un pequeño cuadrante, sobre el que cada día les explicábamos lo que había pasado, lo que haríamos al día siguiente y, sobre todo, les íbamos anticipando que pronto viajaríamos a nuestra verdadera casa, que esta estaba en España y que tendríamos que viajar en avión.

Aquello se repetía todos los días y al terminar de repasar lo que habíamos hecho y anticipar lo que haríamos al día siguiente, siempre estaba el discursito o cantinela de: "y este día en avión y para España".

Visita a Eger

Una de las cosas que le comenté a Sofí uno de los días que estuvimos juntos en Csenger, fue que esperaba algo más bonito de Hungría, algo con más encanto, sobre todo desde el punto de vista de ciudades, y que tenía otra imagen construida de lo que luego realmente estaba viendo. Ella me comentó que si quería ver una ciudad bonita, que nos acercásemos a Eger, que no estaba muy lejos de Debrecen y que seguro nos gustaría.

Y en el cuadrante ese día 12 de marzo habíamos programado la vista a Eger, el viaje era relativamente corto, y en una hora y media nos colocamos en aquella ciudad.

Eger es el tipo de ciudad que yo esperaba ver cuando nos dirigíamos a Hungría, ciudad con un encanto especial, universitaria, medieval. Eger ha sido habitado desde la Edad de piedra. Durante los primeros siglos de la Edad Media fue habitada por tribus germanas, avaras, y eslavas, cayendo bajo el control de los húngaros en el siglo X. San Esteban (997-1038), primer rey cristiano de Hungría, fundó una sede episcopal en la ciudad. Su primera catedral fue construida en la colina del castillo, dentro del actual recinto fortificado. La población fue creciendo alrededor de la primera catedral y ha seguido siendo un centro religioso importante en Hungría desde su fundación. Todo esto se respira y tiene reflejo en sus calles y sobre todo en su ciudad amurallada, una de las ciudades amuralladas más bonita y espectacular que he visto.

Pasamos un día estupendo en Eger, paseamos mucho por sus calles, nos hicimos muchas fotos. También de aquí, como no podía ser menos, nos trajimos una anécdota culinaria. Comimos en un restaurante típico húngaro, con carta en húngaro y los camareros unilingües en húngaro, pero al final siempre nos apañábamos para comer un poco de todo y seguir probando cosas. Eso sí, a las niñas pollo y salchichas. Llegó la hora del postre y me puse a leerles la carta a las niñas por si algo les sonaba y cuando dije la palabra *"Palachinta"*, las dos me miraron e intérprete que eso sí lo conocían y que les gustaba. Le dije al camarero que qué era "palachinta", y él me señaló una mesa donde lo estaban comiendo, parecían crepes de nocilla y nata, le pedimos tres raciones y, en los poco minutos que tardó en servirlas se escuchó al menos 50 veces "palachinta, palachinta". Una vez las sirvieron nos miraba todo el mundo mientras la madre y las niñas disfrutaban de su postre, daba gusto verlas comer.

La visita a esta bonita ciudad se completó con la subida a la parte amurallada, desde aquella Ciudadela se divisa todo Eger, y disfrutamos un buen rato de esas maravillosas vistas. A estas alturas las dos princesas ya andaban algo cansadas. Habíamos andado mucho y la falta de costumbre les estaba pasando factura, por lo que tras aquella vista decidimos dar por terminado el día y regresar a Debrecen.

Esta visita se la recomiendo a todo aquel que visite Hungría y si por alguna circunstancia tiene que pasar una temporada como nosotros por allí, que intente fijar en ella la residencia.

Visita del trabajador Social.

Estaba programado que durante nuestra estancia en Debrecen tuviéramos al menos un par de visitas por parte del personal de la oficina del menor. En estas visitas, el trabajador social comprobaría cómo marchaban las cosas y emitiría un informe que le serviría al juez para comprobar si todo estaba en orden y listo para terminar con el proceso. Durante la segunda semana recibimos una llamada de Sofí indicándonos que se habían puesto en contacto con ella y que al día siguiente tendríamos la primera visita de seguimiento. Concretamos la hora y a esperar. La verdad es que nos lo tomamos con total naturalidad y en ningún momento sentimos que nada raro podía pasar, y así fue. Primero llego Sofí y al rato llegó el trabajador social. Según entró por la puerta lo primero que dijo es: *"la comida huele muy bien, que seguro estaría muy rico"*. Ese día tocaba una de las comidas que se repitieron con asiduidad durante aquellas semanas, patatas con chorizo. Nos dirigimos todos al salón y mientras las niñas jugaban con el LEGO, él nos preguntó sobre nuestra convivencia y sobre nuestras experiencias durante aquellos días, a lo que le contestamos a través de Sofí. Durante todo este tiempo, él observaba a las niñas que no paraban de jugar y reírse como si allí no hubiera nadie más que nosotros cuatro. Al rato y, con mucha naturalidad, las llamó y ellas se acercaron pero arropándose con nosotros. Les preguntó que si estaban bien y que a qué estaban jugando. Ellas que por aquellos días eran aún muy reservadas contestaron de forma escueta y demostrando vergüenza y timidez, pero dejaron claras señas y evidencias de sus lazos con nosotros, de hecho no se separaban de nuestro lado mientras él se dirigía a ellas. La visita fue muy agradable, corta y tranquila y antes de marcharse nos dejó una frase que sembró de alegría nuestros rostros: "está claro que esto es ya una verdadera familia". Cuando Sofí nos lo tradujo debió de ver nuestras caras llenas de orgullo y satisfacción y debió además de ser tal el convencimiento que no tuvimos que realizar el segundo seguimiento. Con esta vista le fue suficiente para comprobar y ratificar que todo estaba transcurriendo a la perfección.

El esguince de muñeca

Aquel piso donde vivíamos era un tercero sin ascensor, y algunos días, tras la compra, subir aquellos tres pisos cargados con bolsas y dos peques, que decían estar muy cansadas y que apenas avanzaban dos escalones seguidos sin quejarse, se convertía en todo un reto. Uno de los días en los que todos estábamos casados y teníamos ganas de llegar a casa para relajarnos, comenzó el ascenso al Everest (aquel tercer piso). Como parecía que la subida se haría eterna, decidí, además de llevar las bolsas, coger a Sandra de la mano y tirar de ella para animarla a subir, ella se resistía a avanzar con ganas y yo cada vez tiraba más de ella, hasta que de repente un llanto y un quejido nos sobresalto. Sandra nos explica que le había hecho daño en la muñeca y que le dolía mucho. Intenté relajar con mimos y carantoñas la situación, subimos las bolsas y luego la cogí en brazos y la subí a ella. El tema no solo no se calmo, sino que fue a más y con el paso de las horas lo que creíamos era una forma de llamar la atención nos empezó a hacer dudar. La niña no dejaba de llorar y de quejarse de la muñeca. Al final tomamos la decisión de utilizar la ayuda de Sofí, a la que llamamos y le explicamos lo sucedido, solicitando de su ayuda para ir al médico con Sandra. Quedamos con ella en el centro de la ciudad y allí la recogimos para dirigirnos a un hospital. Sofí le preguntaba a Sandra por su dolor y parecía que a la niña le dolía de verdad. Nos acercamos al Hospital, donde sin problema nos atendieron, le hicieron unas radiografías y el traumatólogo nos comentó que no había nada por lo que preocuparnos, que sería una pequeña torcedura o algo similar y que la niña no tenía nada serio ni digno de tratar, una pomada y para casa. Eso sí, Sandra explotó el tema durante unos días y aprovechó para recibir todos los mimos posibles. Aún hoy pienso en si el dolor de la muñeca era cierto o no, pero lo que sí tengo claro es que tanto si lo era como si no lo que era cierto es que la presión que estábamos ejerciendo sobre ellas se manifestó y acompañado o utilizando la muñeca como excusa nos hizo saber que las cosas mejor con calma y con cariño.

Yo aprendí una nueva lección, decidí relajarme y pensar con lógica, "son niñas y no tienen nuestra energía", "además no tenemos prisa, ni la necesitamos".

Baños con polémica.

A diario acostumbrábamos a bañarlas justo antes de la "cena", sobre las seis de la tarde. Ellas disfrutaban del agua como buenas húngaras y no suponía ningún esfuerzo por parte de nadie realizar esta actividad rutinaria.

Uno de los días, en el baño, se escucha una pequeña discusión y cuando me estoy acercando para ver qué sucede, encuentro a Lali en la puerta escondida y grabando con la cámara la escena de la bañera. Me hace señas para que no haga ruido y me dice que me asome, la escena resumía todo lo que nosotros ya habíamos intuido, pero no habíamos podido comprobar al 100%, se estaba produciendo una situación de dominio y autoridad ejercido por Sofía sobre Sandra. Dentro de la bañera, Sofía se empeñaba en limpiar con una esponja la cara de Sandra, Sandra que no quería llamaba a mamá y se quejaba diciendo *"Ofiaaaaaa"*, y Sofía le ordenaba que se callase, le metía la esponja en la boca e incluso se le escapaba la mano con algún capón a Sandra que cada vez insistía y gritaba más fuerte *"mamá, mamá" "Ofiaaaaaa"*. Cuando Sofía vio que la llegada de mama sería inevitable, era ella la que reclamaba llamando aún más fuerte que Sandra y poniéndose delante de su hermana para recibir la atención cuando mamá llegase. Al final Lali entró en el baño y repartió cariño y atención a las dos por igual, aunque Sofía seguía intentando acaparar toda la atención.

Parques Columpios y pipas.

Pasábamos muchas horas en los distintos parques que habíamos descubierto. Además del parque que había en el propio Patio de los edificios en los que vivíamos, en Debrecen había uno muy grande cerca del campus universitario, con muchos columpios y juegos. La primera vez que pasamos por allí y lo vimos decidimos visitarlo. En la puerta había un kiosco ambulante y compramos una bolsa de pipas para hacer más ameno el rato. Una vez dentro del recinto del parque, acompañamos a las niñas a conocer los distintos columpios que eran acordes a su edad. En aquel parque cada columpio tiene marcado el rango de edad para utilizarlo, Y LA GENTE LO RESPETA. Mientras las enanas se divertían de columpio en columpio, nosotros comíamos pipas paseando por la arena de aquel lugar. De repente observo como un señor con pinta de guarda o algo así se dirige con paso ligero y firme hacia nosotros, le digo a Lali: *"yo creo que viene a decirnos algo"* y, efectivamente, muy enfadado y con cara de pocos amigos me señala la mano y me suelta un discurso en húngaro del que no entiendo nada. Cuando se da cuenta de que no me estoy enterando, me hace unas señas y mediante gestos me indica: *"las cascaras de las pipas al bolsillo"*, *"Ok, Ok"* le respondo y, observando el suelo y las personas que al igual que nosotros comían pipas, descubrimos que no hay una sola cáscara tirada en el suelo y que todo el personal guarda las cáscaras para tirarlas en las papeleras. Comentamos entre nosotros lo sucedido y sobre todo que no nos imaginábamos una norma como ésta en los parques españoles, pero allí existía y funcionaba.

Entre parque y pipas pasamos tardes muy tranquilas y agradables.

20 de marzo 2007, Sandra y Sofía Pablo Polonio.

Las semanas habían pasando volando y se acercaba el 20 de Marzo de 2007, día en que realizaríamos nuestro último viaje a Matesalka.

Y al fin amanecía. Durante los días anteriores habíamos estado preparando a las niñas para pasar una jornada llena de emociones, viajes y desplazamientos.

Muy temprano salimos camino de Matesalka donde nos esperaban Aniko, Catalin y Viola. Una vez allí y tras los correspondientes saludos y abrazos, entramos en el despacho de la señora magistrada. Nada más vernos esbozó una enorme sonrisa y nos pidió que nos sentásemos para comenzar con el juicio. Se dirigió a nosotros y nos dijo que estaba muy satisfecha de lo bien que había sucedido todo, que seguro seríamos una familia muy feliz. Nos dijo que éramos unos papás muy afortunados por tener unas niñas tan guapas y buenas y nos pidió que siempre tuviéramos presente quién son Sandra y Sofía y cuáles son sus raíces. Tras firmar los papeles que nos indicó y realizarnos algunas preguntas que formaban parte del protocolo, nos dijo que su sentencia era positiva y que Sandra y Sofia ya eran legalmente nuestra Hijas. La misma juez nos acompañó al registro de Matesalka, donde ella, junto a Catalin y Viola se encargaron de todos los papeleos. Entraron en un despacho y a la media hora salieron y nos facilitaron las nuevas partidas de nacimiento de las niñas en las que ya constábamos nosotros como Padres de las Princesas.

El día estaba siendo muy emocionante pero teníamos que controlar los estados de ánimo, aún nos quedaba llegar lo antes posible a Budapest.

Nos despedimos de todas aquellas maravillosas personas que tanto nos habían ayudado y emprendimos el viaje. Teníamos el tempo justo para llegar a la embajada y tramitar los pasaportes de Sandra y Sofía.

Una vez en el coche, comunicamos mediante mensajes a toda la familia que Sandra y Sofía ya eran Pablo Polonio.

Por fin llegamos a Budapest y antes de la hora prevista estábamos en la embajada. Allí el Sr Peña nos atendió muy cordial y nos felicitó por nuestra paternidad, se quedó mirando a las niñas y dijo: *"son guapísimas, de las niñas más guapas que han pasado por aquí con su nuevos padres"*.

Presentamos las fotos, partidas de nacimiento y Libro de Familia, y quedamos en pasar por la tarde a recoger Libro de Familia y los pasaportes. El Sr Peña nos cometo que no podía asegurarnos que estuvieran ese mismo día, que lo intentaría pero que no lo garantizaba. Confiando en que haría todo lo posible para evitarnos un largo viaje el día siguiente nos marchamos a comer, tras una larga mañana, los estómagos estaban vacíos.

Comimos en un gran centro comercial de Budapest, donde hicimos tiempo y paseamos hasta la hora acordada. Katia ya nos había avisado de las pegas que el Sr. Peña ponía siempre que se le metía prisa, pero también nos dijo que seguro que aunque refunfuñando tendríamos los pasaportes y el Libro de Familia listos ese mismo día. Y así fue, aquella tarde en la embajada nos entregaron los pasaportes de Sandra y Sofía y el Libro de Familia con ellas inscritas, por lo que ya todo estaba listo para la Partida. Éste era el último trámite legal que nos quedaba por realizar y en un par de días teníamos programado el vuelo hacia España. De regreso a Debrecen, risas, canciones y alguna llamada de España para felicitarnos.

A preparar las maletas.

Tras las emociones del día anterior y las que nos esperaban al día siguiente, este 21 de Marzo fue un día de recogidas y también de despedidas. No podía dejar de pensar en lo estupendo y lo maravilloso que había sido para mí el paso por Hungría. Sabía que aquel país, aquella ciudad, aquella casa, aquella gente que habíamos conocido y nos había ayudado tanto, siempre formarían parte de mi corazón y de mis recuerdos.

Junto a la emoción de poder volver a casa y sobre todo de poder presentar a nuestros retoños al todo el mundo, se instalaba una sensación de despedida, de adiós, pero no de un adiós definitivo sino de un hasta otra, pues también en ese momento tenía claro que algún día volvería.

Preparamos el viaje y procuramos tenerlo todo listo y ordenado para poder salir relajados y sin prisas a la mañana siguiente hacia Budapest.

Además de preparar las maletas, dedicamos una gran parte del día a repasar el cuadrante con el que habíamos trabajado los tiempos y distintos acontecimientos en aquellas semanas. Aquel cuadrante tenía un día señalado con un pequeño avión dibujado y la bandera de España. Queríamos estar seguros de que ellas entendían lo que pasaría al día siguiente, el viaje, el encuentro con la familia en el aeropuerto...

Esa tarde recibimos la vista de Aniko, que vino a despedirse de nosotros. Pasamos la tarde juntos y ya cuando anochecía paseamos un rato hasta la estación de tren, donde definitivamente le dijimos adiós. Su trabajo con la familia Pablo Polonio había terminado, una historia más en su CV con familias de España y una familia amiga que la recordará siempre y que espera volver a verla algún día.

El día 21 pasó y a dormir todos, que la próxima jornada será larga.

El día esperado por todos había llegado.

El 22 de marzo de 2007, amaneció un día soleado. Hungría nos quería despedir con todos los honores y hasta los prunos del parque y los jardines de aquellos edificios dejaban asomar aquella mañana, las primeras flores que anunciaban la primavera.

No sin ciertas dificultades cargamos el coche con todas las maletas, esta vez no tendríamos problemas porque lo habíamos comprobado, las habíamos pesado y todo estaba en orden.

Camino de Budapest, intentaba repasar todos los momentos importantes de aquel mes y medio, intentaba retener y recordar todo lo sucedido para luego poder reflejarlo en estas páginas. Además de decirle adiós a Hungría, le daba las gracias por todo lo que no entregaba y nos había dado. Desde el coche observando los paisajes de la llanura, los bosques que parecían despertar en colores, los campos limpios y preparados para dar sus nuevos frutos, me sentía y me sentiré siempre una persona con dos patrias: la que me vio crecer y la que me entregaba los mejores tesoros de mi vida.

Una vez en el Aeropuerto de Budapest, entregado el coche de alquiler y facturadas las maletas, solo quedaba esperar. Fueron varias horas las que pasamos esperando la salida del vuelo.

Mientras paseábamos, Sandra y Sofía jugaban, pasamos las últimas horas entre nervios y ansiedad. Durante ese tiempo la pregunta más repetida era: ¿Cuánto queda?

La noche se hacía visible y cuando anunciaron la puerta de embarque nos dirigimos hacia ella, aún quedaba una hora para embarcar, pero el avión ya estaba colocado en el Finger. Entonces se lo explicamos a ellas y, de repente, Sandra no entendió porqué no montábamos, no había manera de explicarle que aún no se podía, que teníamos que esperar a que lo limpiaran y preparasen, pero ella no aceptaba la explicación e insistía en montarse ya. La hora que pasó hasta el embarque fue muy alborotada, creo que el cansancio y el miedo, unidos a las ganas de montar en el Repolu (avión en húngaro) hicieron presa a Sandrita y hasta que no empezamos a embarcar no paró.

Una vez empezó a rodar el avión todo parecía normal. No se presumían miedos ni nada parecido, íbamos mirando las luces por las ventanas de aparato, pero cuando aquello empezó a coger velocidad y a levantarse del suelo, las dos comenzaros a llorar invadidas por el miedo y por una sensación de que algo raro y que no controlaban ni llegaban a entender, estaba pasando. Les habíamos explicado muchas cosas pero esa precisamente no y la sorpresa no fue muy bien recibida. Unos minutos después y tras un regalito por parte de las auxiliares, aquello se calmó y en media hora las dos dormidas hasta casi llegar a Madrid.

Aterrizamos en Madrid el 22 de marzo de 2007, no recuerdo la hora creo que serían las nueve o las diez de la noche, pasamos el control de pasaportes, recogimos el equipaje y nuestra nueva vida comenzaba.

"Fin y Principio"

El 9 de Marzo de 2003, Fallecía mi padre, Liberto, apenas 20 días después, el 1 de Abril de ese mismo año, en Hungría nacía mi hija Sandra, y justo un año después el 5 de abril de 2004, también en Hungría nacía mi hija Sofía. Él se marcho dejando una gran vacío, y a la par algo nació que llenaría de alegría, amor e ilusión mi vida, si él hubiera diseñado algo para ocupar su lugar, seguro que las habría puesto a ellas.

Escribiendo este relato, le he acordado muchas veces, se que desde allí donde se encuentre, también está disfrutando e iluminando a esta familia. No has podido abrazarla ni besarlas, pero ellas miran al cielo muchos días y afirman, "mira papa, aquella estrella es el abuelito, seguro que nos está mirando y sabe que estamos haciendo".

Papa, Gracias por enseñarme el camino.

AGRADECIMIENTO

No dejare nunca de reconocer lo importante y bien diseñado que está el proceso de la adopción por parte de las autoridades húngaras. Lo que en un principio puede suponer o parece un inconveniente: la lejanía de tu país, lo extenso de la estancia en aquellas tierras, al final se convierte en un espacio íntimo, donde no hay ningún elemento que pueda perturbar la importante misión de establecer lazos, donde ni trabajo, ni amigos, ni familia interrumpen o se inmiscuyen en el nacimiento, la formación, el crecimiento y el desarrollo de la nueva familia. Gracias Hungría por facilitarnos ese espacio y ayudarnos a disfrutarlo.

Enrique